历史与理论

R. G. Collingwood:
An Autobiography

柯林武德自传

〔英〕柯林武德（R. G. Collingwood）著

陈 静 译

北京大学出版社
PEKING UNIVERSITY PRESS

图书在版编目（CIP）数据

柯林武德自传 /（英）柯林武德著；陈静译. —— 2 版. —— 北京：北京大学出版社，2025.1. ——（历史与理论）. —— ISBN 978-7-301-35730-9

Ⅰ. B561.59

中国国家版本馆 CIP 数据核字第 2024HY6390 号

书　　　　名	柯林武德自传 KELINWUDE ZIZHUAN
著作责任者	〔英〕柯林武德 著　陈 静 译
责 任 编 辑	杨渊清　李学宜　岳秀坤
标 准 书 号	ISBN 978-7-301-35730-9
出 版 发 行	北京大学出版社
地　　　　址	北京市海淀区成府路 205 号　100871
网　　　　址	http://www.pup.cn　新浪微博 @ 北京大学出版社
电 子 邮 箱	编辑部 wsz@pup.cn　总编室 zpup@pup.cn
电　　　话	邮购部 010-62752015　发行部 010-62750672 编辑部 010-62707742
印 　刷　 者	北京中科印刷有限公司
经 　销　 者	新华书店
	965 毫米 ×1300 毫米　32 开　6.875 印张　117 千字 2005 年 1 月第 1 版 2025 年 1 月第 2 版　2025 年 1 月第 1 次印刷
定　　　　价	55.00 元（精装）

未经许可，不得以任何方式复制或抄袭本书之部分或全部内容。
版权所有，侵权必究
举报电话：010-62752024　电子邮箱：fd@pup.cn
图书如有印装质量问题，请与出版部联系，电话：010-62756370

目 录

代译序   I

原　序   XV

第一章　孩提时代   1

第二章　春寒料峭   7

第三章　牛津园的哲学家   17

第四章　一个青年的思考   27

第五章　问答逻辑   35

第六章　实在论的衰落   51

第七章　哲学的历史   61

第八章　历史哲学的建立   85

第九章　未来的基础   97

第十章　历史：心灵的自我认识　　117

第十一章　罗马不列颠史　　131

第十二章　理论与实践　　161

柯林武德英文论著要目　　183

重校后记　　187

读者来信谈"Bath Gorgon"译法　　193

代译序

我们希望了解柯林武德。这倒不是因为这位思想家在历史哲学与史学理论方面有什么不可逾越的里程碑式的建树,而恰恰是因为他只代表史学与历史哲学众多流派的一支,提供了一种值得斟酌的意见;也不是因为他在史学或考古学、美学或文艺学方面有如何斐然乃至令人无法忽略的成就,而是更希望了解他卓越成就之下的方法论原则,以批判地锻造我们自己的思想武器。再则,柯林武德也是一座桥梁,他在英美哲学及文化传统控制下的不列颠,热情而执拗地思考、宣讲着几乎全部属于另一个(即欧陆)哲学与文化传统的主题。我们也许切身地感受过中西文化的巨大差异及相互理解之困难。其实西方文化中这两个传统间的隔膜也是相当深的,它们之间的许多争论是建立在误解基础之上的。因而柯林武德的努力给我们提供了范例和经验。

柯林武德的著作《历史的观念》《艺术原理》等已经译成了

中文。这本自传的翻译或许能为理解这些著作提供更多一点背景与佐证。

可以说,"问答逻辑"是最具柯林武德特色的东西。自二十多岁起,柯林武德便以这件武器去对抗实在论者、逻辑经验论者的"命题逻辑"了。那么它的意义何在呢?按柯林武德的逻辑,他的"问答逻辑"这一应答(answer)必是对某一提问(question)的答复,那么,他遇到的问题是什么呢?

柯林武德会同意说这个问题是时代提出来的,这也许可以加强思想者的使命感。他认为:"直到19世纪末20世纪初,史学始终处于类似前伽利略时代自然科学所处的那种状态。在伽利略时代,自然科学经历了一场革命,它猛然并极大地加快了自然科学的发展进程,拓展了它的视域。19世纪末,史学也经历着一场同样的革命……""20世纪哲学的主要任务是清理20世纪的史学。"(见本书第八章)这样说也许还嫌粗略,让我们给出一种描述:在文艺复兴后期(即所谓伽利略的时代),人类精神不再满足于神的庇佑,自然科学从神学的控制下挣脱出来。它开始以自己独立研究所获得的结果与教会和教义提供的知识分庭抗礼。而哲学家则开始为它构建坚实的基础,这便有了近代以认识论为中心的各种哲学。在这批哲学家中,柯林武德格外重视培根,他说他希望看到史学界发生培根式的革命。

经过笛卡尔、休谟到了康德，人类关于自然科学的知识如何可能的问题在大陆理性主义者看来已经有了一个暂时可以满意的回答，而英美经验主义传统的哲学家们并不知足，他们在这个方向上继续开掘下去，今天的科学哲学、（语义和逻辑的）分析哲学都大大深化了人们关于自然科学知识及其方法论基础的认识。但这并不是问题的全部。在19世纪中后期，尤其是20世纪初叶以来，一种新的思潮涌来。诸种人文学科不再安于自然科学及其哲学的监护，它们要寻自己的根，找自己的家园。人类命运的困境与危机促使人文学科成熟。这个潮流事实上有两种倾向。一方面，不少人文学者尽力使自己的方法科学化，比如使研究结果数量化、形式化，或将对象向自然科学（生物学或物理学等）还原。同时，一部分理论家还仅把人文学科的科学化理解为自然科学方法化，自然科学成了真理与理性的代名词。他们甚至认为哲学也要成为这种意义上的科学才有存在的价值。而另一方面，细心的人文学者发现了自己的研究对象与自然科学的对象不同，以自然科学的方法处理人文事物往往不得要领，充其量取得一种极为含混的类比。于是他们讨论了人文学科研究对象的独特性问题、人文学科独特的方法论问题，进而也出现了致力于使自然科学与人文学科成为统一学科的基础与方法的讨论。这时，问题还是认识论的，但它的视野扩大了。人们不仅要了解自然科学知识如何成为可能,还要了解关于人自己的各种知识如历史知识、美学知识、语言知识、宗教知识、道德知识等是如何成为可能的。现在人们一般认为人文学科最终将涉及价值观问题。人文学者必须对人的本质与价值有所断定。因而在人文学科中,研究者总是与对象处于相互缠绕的状态中,而无法寻得一个价值中立的地位。如果不是这样,研究者就会失去他们的研究内容,失去他们所努力要去探索、把握的意义(meaning)的线索。人们一般称自然科学为经验科学,而称人文学科为规范(normal)科学的原因就在于此。这场讨论的参与者不仅有影响深远的马克思,而且有影响面颇广的胡塞尔;从西方马克思主义者哈贝马斯到存在主义者海德格尔、萨特,从新康德主义者李凯尔特、卡西尔等一些哲学人类学家到狄尔泰、伽达默尔等一系列解释学家,在某种意义上说都是这个问题域中人。他们已经给出了种种不同的回答,对这些回答的评判比对各种自然科学理论的评价更难,我们还需做认真的研究。

稍加辨认,我们便发现这后一方面里多数人是大陆面孔,现在我们却碰上了一位牛津学者——柯林武德。他强烈地感受到了这股人文主义思潮,他就是要以这后一种方式清算20世纪的史学并对抗前一种方式的历史哲学。

有了上述思想的背景我们便知道，"问答逻辑"不纯粹是一个逻辑问题。说穿了，它是个历史观问题。柯林武德将人类的历史看成是无数的问题与无数的回答环环相扣、一一衔接的无尽过程。我们今天的许多文字、图画、行为、事件十分令人费解，而对它们的注释就在历史之中。因而历史学家的工作便是帮助人们更好地理解今天。但是，本然的历史已经消逝，作为今日社会生活的辞典的历史已残缺不全，历史学家必须对它进行修订、重编。在柯林武德看来，历史中遗失最多的大概就是问题（questions），历史人物往往把种种回答留下了（这便是文物、文献），却将自己内心中的问题，尤其是那些自己还没有能力回答的问题带进了坟墓。因此历史学家最重要的任务便是根据留下的答案去追溯、重构（reconstruct）已失去的问题。这也就是再现历史。

把历史视为一条充满了问题与回答的河流，这是一种颇有见地的意见。它也许只是一个幼年经验的成熟。那时柯林武德有机会注意到了职业画家作画的全过程。他以为那便是艺术家不断地给自己提出问题并努力以绘画手段做出回答的过程，这问答过程原本没有尽头，因而没有哪一幅画可以完成，至于它们最终毕竟挂在展览会或博物馆中，无论如何也是一种不得已而为之的事（见第一章）。这样，无论面对一件怎样的艺术品（例如后来他经常路过的艾伯特纪念堂），他都有一种揭开画布走到画的后面与艺术家交谈的冲动，仿佛真正的戏剧鉴赏都必须在后台进行。他渴望开诚布公地询问艺术家的创作目的，细致入微地探寻每一技术性处理的真正意图，仿佛只有这样，艺术才成为被理解的。循着同样的原理，柯林武德后来考察了罗马不列颠史中哈德良长墙的作用，得到了令人信服的结论。

它也许只是考古学与历史学创造性结合的经验总结。柯林武德年轻时便参加了不少考古实践。那时他面对的不是语法规范、修辞讲究的历史文献，而往往是一些残垣断壁。尽管它们沉默不语，却几乎展现了某一历史时刻人类社会的全部交往关系，因而有着历史文献所没有的全面性与完整性；其间也绝没有历史文献记录者的明显偏见与夹带。问题是让它们开口说话，说出能将这里全部文物贯穿起来的那种统一性，说出该文化的基本精神。这就是遗址中蕴含着的问题。在一处处已经发掘和有待发掘的历史陈迹面前，他一方面嘲笑那些没有真正的历史意识，只埋首书房经卷，操弄剪刀和糨糊，钩沉"权威人士"语录的历史学家之浅薄与无能，另一方面也为那些无知而仅为盲目好奇心或卑劣功利心驱使的考古学家的所作所为感到痛心疾首。在他看来，考古学者不能像普通的文物收藏家或探宝者、掘墓人，而需要具备并调动其渊博的历史知识与强烈的历史洞察力，设身处地地去感受那种历史情境，从而迫近古代文化的精神，即那个时代的问题。否则发掘无异于破坏。而历史学家则不能仅仅靠夸耀自己的编年史记忆与对历史细节的渊博知识过活，他应有能力沉浸在历史的生活中，切实地体验到历史的精神的运动。

问题是，柯林武德这种历史意识、史学理想、历史哲学的思考远远不只应用到了历史学、考古学和艺术鉴赏领域，它们几乎浸润了包括伦理学、宗教学、语言学、人类学在内的全部人文学科。客气的说法有："我曾努力重建哲学与史学相互融通的关系"（见第十二章）；不那么客气的说法则是："知识是只能靠历史学家并且是只能由解说历史的证据而获得的"（转引《历史的观念》一书编者诺克斯语）。"问答逻辑"是否存在于所有这些领域之中呢？这不是他纯粹的主观投射与移情吗？

的确，这里有一个人文科学普遍碰到的问题。所谓问答逻辑与命题逻辑相对而言就是强调了历史与自然的区别。这区别在于"一切历史都是思想史"（见第十章）。人类社会生活中的一切事件均是有意识地发动的。人类社会生活中的思想、精神、观念、理想、目的这类因素在自然界里是不具备的。而且，人类的这些思想与价值观念总是成体系的和在交往中发育着的。人的思想观念、理想目标在实践和现实生活中的演变与进步才使人具有了历史属性。历史意味着进步，也只有进步了的人类才有历史意识。因而有两点推论：一、严格地说，只有人类事务才有历史，把这个词用于人类以外的自然界实际上是一种误解；二、以人类事务为对象的历史科学如果不能揭示出人类历史中不断进步的精神历程就是不可想象的。历史必须诉诸理解。这种观点是不是正确还可讨论，或许它多少带有黑格尔及整个观念论传统的印记。但我们可以相信，它不仅是一个十分重要的问题，而且是在人文学科中具有普遍性的问题。只要这种研究不是纯形式的，那么它就会遇到一个具有历史性质的问题。这时人文学者就不得不思考历史及与之相关的一批概念的含义问题。当古生物学家发现一堆远古动物骸骨化石时，问题远没有考古人类学家发掘一处人类原始遗址时那么复杂。考古学家必须问：这些人类遗骨出土点是他们的死亡地还是丧葬地呢？这些人是寿终正寝呢，还是不幸沦为人殉？他们撒手赴黄泉的体态是故意摆放的，还是地层变故所致呢？这一系列问题在大量恐龙化石出土地点是不存在的，并且也不能简单地根据当代社会生活习俗去推论。所有这些问题的解决势必要求考古学家把遗址的全部情况做统一考察，与其他考古发掘相参照；要求他们借鉴历史学家、人类学家、民俗学家等等的研究成果，并最终思考有关文化与人的哲学问题。之所以如此，就是因为人类是进步着的，人类的历史中包含着一个不断生成着的意义问题。是否可以这样说：历史就是人类生存意义生成、解说和澄明的历史，因此它必然会是思想史。

历史是思想史，思想又是由问答构成的。当我们最终不仅看到了人类历史上所有的解答，而且也明晰地看到每个回答所针对的那些重大的或精微的、质朴的或狡黠的、浅显的或深刻的问题时，历史便不仅是可见的，而且是可理解的了。这的确是一条有趣的思路和一个有诱惑力的学科理想。但对思想的事实关系的梳理与对思想自身存在方式的说明是两种不同的探索。前者也需要理解与哲学思考（尤其在哲学史研究中），但它更多地属于作为经验科学的编年史的范畴，而后者无论是现象学的还是结构主义的，总归是哲学的，并往往是思辨的或先验论的。对这两种研究来说，它们各自要"重构"的"问题"是不同的。柯林武德曾正确地指出，哲学史上那些重要的思想家们所面对的问题是各不相同的。我们绝不要认为哲学的问题是永恒的，因此以为德谟克利特与赫拉克利特、苏格拉底与柏拉图、亚里士多德与托马斯·阿奎那、培根与笛卡尔、康德与黑格尔、马克思与尼采等等哲人所回答的都是同样的问题。当然，哲学家有权从一个特定的角度去理解他的前辈，但他如果不会深入持续地提问，反而以为自己的问题已是哲学史或哲学问题的全部,那么教条僵化、裹足不前的只能是他自己。而按照柯林武德的提示,研究是会不断深入的。但这只是哲学史家的课题。对于另一类哲学家来说,他们关心的是历史上这些问题何以可能各不相同而又前后相继;这些问题存在与转换（transform）的基础、意义、结构、方式是怎样的。并且这些研究也不一定走上纯分析的元哲学（meta philosophy）的道路,而是保持着对真理或人类存在本体论的关注。当然对于柯林武德来说,问题并不在于有两种哲学研究方式,人们应该思考:这两种方式是否已经或终将成为一种方式,是否有一种最高层次的哲学,它只有在对哲学史的探究中表达或显现自身。

柯林武德也许还来不及回答这种复杂的哲学问题,因为尽管他那些不乏睿智的巧妙比喻给人们的理解提供了一种"破壁术",但同时也不可避免地造成了误会与歧义。比如在论述"问题"如何只是具体的、各不相同的时候,他举了一个检修汽车的例子(见第五章)。假如我的汽车坏了,那么我在一两个小时中并不直接回答"为什么我的车开不动了"这个问题,而必然是根据汽车工作原理,逐个检查每一部件,比如火花塞是否完好,那么这时我只是回答"火花塞的状况会否是汽车故障之所在"的问题。然后也许是油路、电路、发动机等一系列的问题。所有的部件都检查过了,毛病排除了,因而汽车又修复了,那个最大的问题（"为什么我的车开不动了"）自然就解决了。这个比喻当然可以说明一些问题，但同时带来疑惑。人类历史过程的总问题（如果有的话）是否能并只能化成一系列可操作性程序中的小问题呢？作为历史学家，当其在对历史进行理解时是否有一张全部绘制完成了的历史发展蓝图呢？他与自己的史学前辈是否只是按同一个程序对史实依次进行审查呢？经验地看，历史上的问题的确是一个一个解决的，即使如此，这每一个事件的结局中依然包含了许多复杂而激烈的理想冲突，同时还包含着社会的进步、价值观的转换。在雅典人选择了民主制时，他们仅仅在考虑城邦的存亡问题而不是更好地生存的问题吗？生活提出的问题本身也许有非常复杂的结构，它不仅是技术性的，也是功利性的。当人们的价值观转换，即对于人及其过去、现在和未来的看法发生转换后，人类进步的全部蓝图也就发生了变化。它以往的全部历史将不得不重写。这时究竟是谁的问题变化了呢？历史研究不仅是个技术性发掘与积累的过程，它自身也有个进步的问题。历史问题重构的难题也就在这里。

规范科学有两种研究法。一种是共时性说明。这时，讨论多在哲学层次上进行，价值观的转换、传统的继承等多被描述为一种辩证的过程；其中，历史的意义常常是由未来决定的。

同时，对规范科学对象也可以作另一种说明，即经验科学的说明。比如对历史做纯粹编年史的描述或以试验的方式确证某些史实（如仅靠帆与桨的木船，在没有罗盘的条件下，能否从中东航行到远东的中国或日本）。这时问题变得简单得多，事件的具体因果联系也明确多了。我们千万不要混淆这两种不同的说明及其方式。

说到底，这里的"问题"仍然是一个不够明确的概念。一个哲学问题（如价值或观念的问题）能与一个日常生活中的设想相提并论吗？经验科学地探讨某历史事件中有关主角的实际想法（如特拉法尔加海战中英将纳尔逊与法将维尔纳夫的战略战术考虑）与规范科学地说明人类的困境和人类对摆脱困境所做的设想能不加区分吗？另外，所谓"问题"是指与每一具体回答相对应的整个历史境况，还是指那些与回答者的理论或世界观有这样或那样联系的大胆假设或无意的承诺呢？它是指在具体环境中历史人物头脑中的问题与目的呢，还是仅仅指他们代表全人类的理性提出的问题？他们是有意识的，因而可以表达的目的，与其无意识的因而也难以言表的目的是完全统一的吗？在本书的不同场合，它的含义似乎并不一致。柯林武德有许多言简意赅的例子，如他告诫同行们说，历史学家应意识到自己的工作不是对一棵棵的树做描述与记录，而是说明整座森林，但历史学家们又不能像盯着每一棵树那样去看整座森林，因为森林是巨大的，而历史学家只能生活在林间（见第七章）。这无疑说明了作为人文科学的史学的一大特征。但我们看到修车的例子时，难免怀疑关于树林的比喻的真正含义，怀疑他的思想的彻底性，怀疑他对大陆哲学把握的确切性。显然，柯林武德史学理论所回答的那个具体问题是值得细心探索的。

在追溯或设想历史中已消散的问题的方法上，我们也没有获得更深刻的印象。尽管柯林武德强调过洞察（insight）与移情的重要性，强调过现实生活体验的重要性，甚至也给过哈德良长墙一个较为成功的解释，但我们注意到，在面对如科林斯洞穴中的原始壁画的作者的创作意图之类的问题时，学者们至今没有一种非常有把握的共识，这说明一种普遍有效的历史学乃至各人文科学方法尚未成熟。

至此我们相当远地离开了这本自传的具体内容，也在相当程度上有意识地避开了他那些技术性的思考。我们希望更多地从思想和思想史的角度理解这部自传，又从稍微广阔一些的思想背景（如历史哲学、历史学乃至人文科学的有关问题）走到柯林武德的思想近旁，再往下则是我们不应越俎代庖的事了。

我们希望了解柯林武德，希望以此来改造我们自己的史学与历史哲学研究。我们更多地肯定柯林武德，那是因为我们肯定他的问题。对时代提出的这个重大问题许多思想家都作了回答。为了了解柯林武德,我们需要更广泛地了解与借鉴、批判与吸收。例如,由于共同的哲学和人文主义传统之间的联系,柯林武德对马克思实践哲学的思想大加赞赏(见第十二章)。在理解柯林武德时我们也不妨参照一下马克思,他关于自然科学与历史科学、自然主义与人本主义、历史与逻辑统一的方法等问题的论述至今仍是有启发意义的。

章建刚

1989 年 10 月

原　序

　　一个以思想为毕生事业的人，他的自传应当记叙的是他思想的历程。我写此书的目的，正是为了讲述我认为值得讲述的我的思想历程。

　　只有以诚实的态度写作，一本自传才有存在的价值。我秉笔直书，有时候也臧否我钦佩和爱戴的人。如果有谁对我写下的东西不满，我希望他能知道我在写作时所遵循的原则：除了表示敬意，我不会提及谁的名字，因此，谈论某个我所熟悉的人，正是我感谢他的一种方式——感谢他的友情、他的教诲、他的引导，或者，三者兼而有之。

R.G.柯林武德

1938 年 10 月 2 日于科尼斯顿

第一章　孩提时代

13岁以前，我一直在家里接受教育，老师就是我父亲。每天的课程只占去上午的两三个小时，其余时间我可以随心所欲地自由活动。有时候，父亲对我干的事也给予一些指点，但更多的时候让我自行其是。

在父亲的指导下，我4岁就开始学习拉丁文，6岁开始学习希腊文。同时，我开始阅读我能够找到的各种自然科学书籍，尤其是地质学、天文学和物理学方面的书。我学着辨别岩石，认识星星，竭力想弄明白水泵、锁以及屋子里上上下下其他机械装置的工作原理。父亲给我讲授古代历史和现代历史，并用一只深平底锅把报纸熬成纸浆，制成地势模型来图示他的讲解。但是，就我现在所从事的思想史专业而言，我的第一课却来自一本破旧不堪的17世纪的书。那本书是在几英里外的一个朋友家里发现的，没有封面，扉页也掉了，通篇讲的都是有关气象、地质和行星运动的稀奇古怪的学说。根据我记忆中那本书对旋风的论述来判断，它肯定是笛卡尔《哲学原理》的一个缩写本。我读到那本书时大约 9 岁，对相应的现代理论已经有了相当的了解，因此能够看出它与现代理论的不同之处。这种对比向我揭示了一个现代书籍一直对我保守着的秘密，那就是各类自然科学也有它们自身的历史，它们在任何特定时间、就任何特定课题所宣讲的理论，并不是某些研究者在经过多年失败之后最终探得的真理，而只是对旧有理论的逐步修正；只要思想不停止，现有的理论也必定会在将来的某一天同样被修正。我并不是说，我在孩提时代就对这一切有了清楚的认识，但是，在读那本旧书时我至少已经意识到：科学并不是一个真理的聚宝盆，堆积着各种确定无疑的真知；它更像是一个有机体，在历史发展的过程中，自身的每一部分都不断地发生着或多或少的改变。

那些年里，我也经常观看父母亲以及那些经常来访的职业画家的工作，并不断尝试着模仿他们。因此，我学会了这样看待一幅画，不是把它看作一件已经完成的作品，为获得收藏家的青睐而送去展出，而是看作搁在画室里的一个有形记录，记录着解决某个特定绘画疑难的尝试，直到这种尝试完全消失。我还懂得了某些批评家和美学家至死也没有明白的道理，即没有任何"艺术品"是完成了的；因此，就"艺术品"这个词本身的含义而言，没有任何东西可以被称为"艺术品"。一幅画不再继续画，一部手稿不再继续修改，并不是因为它们已经完成了，而只是由于交稿的期限已经逼近，出版商不停地催促着要拿去付印；或者是因为"我对这玩意儿已经厌倦了"，再不然就是"我看不出还能做些什么"。就我自己来说，我对文学的兴趣超过了绘画，在很小的时候就经常写些诗歌、散文、抒情小品和史诗片段，还编写冒险和浪漫的故事，描述幻想中的国度，编撰科学和考古学的论文。父母鼓励甚至要求我们在这些方面充分地发挥创造力，因为我们家办了一份手抄月刊，在少数朋友和亲戚中传看。我母亲弹得一手好钢琴，她通常在每天早餐之前弹奏一小时；有时晚上也弹，听众就是我们这些悄悄地坐在楼梯上的孩子。我就是这样熟悉了贝多芬的全部奏鸣曲和肖邦的大部分作品，因为这两位是我母亲最喜爱的作曲家，虽然不是我最喜欢的。我自己从来没能学会弹钢琴。

我父亲有许多藏书，允许我随意阅读。藏书中有他在牛津大学使用过的古典文学、古代历史和哲学等方面的书籍。起初我对这一类书并不注意，但在我8岁的某一天，好奇心驱使我取下了一本黑封皮的小书，书脊上印着"康德的伦理学说"的字样，它是康德《道德形而上学原理》的英译本，译者是阿博特[1]。

---

[1] 阿博特（Thomas Kingsmill Abbott，1829—1913），爱尔兰学者，著有《逻辑学要素》等，翻译的康德伦理学作品成为经典，对都柏林圣三一学院图书馆的钱币、手稿、古版书的分类有很大贡献。——译者注

我小小的身躯挤在书柜与桌子之间，当我阅读时，一阵阵奇妙的情感震撼着我。首先是一阵强烈的激动，我感到，此书是在就一些极为紧要的问题发表最为重要的意见，这些问题是我无论如何也要理解的。接着，我心中漾过一阵愤愤不平的波澜，因为我发现自己无法理解这些问题。承认这一点实在让人羞愧，竟然有这样一本书，它用英语写成，句子也符合语法规范，而它的含义我却茫然不解。最后一种感觉最为奇特，我感到，虽然我不能理解这本书的内容，但不知为什么它们却是我的事业，那事业属于我，在相当程度上是我自己未来要干的事。我当时的感觉不像一般的孩子所憧憬的，比如"我长大了要当火车司机"之类，因为其中并没有向往的成分；就"想"（want）这个词的本来含义而言，我并不"想"在长大以后掌握康德的伦理学说，但是我感到，好像有一道帷幕被拉开，我的命运被昭示出来。

从那以后，我逐渐有了一种肩负重任的感觉，那使命的性质我还不明确，而只能说"我必须思考"。我并不知道要思考些什么，但是，当我服从内心"必须思考"的命令时，常常陷入沉默或在同伴中显得心不在焉，或者有意避开伙伴，以免思考受到干扰。我当时说不出、现在也仍然不知道我那时实际上思考了些什么。我没有向自己提出什么明确的问题，也没有什么特别的题目需要我动脑筋，有的只是散而无形、漫无目标的心智骚动，我好像在与一团迷雾搏斗。

现在我知道了，这种精神状态通常出现在我思考某个问题的早期阶段。在思考尚未深入之前，我甚至不知道那个问题究竟是什么，我所能意识到的只是那种模糊不清的心智骚动，一种被难以言说的东西搅扰着的感觉。我现在也知道了，我终生所研究的那些问题就深深地扎根在我的内心，它们在当时第一次以胚芽的形态表现出来。然而在当时，所有注意到我的人都像我的兄长那样，说我染上了无所事事的坏习惯，丧失了我曾有的聪慧和机敏，这些特性曾令幼年时期的我非常引人注意。我不知道因而也不能解释自己究竟怎么了，对这些误会的唯一抵御就是以身体的好动来掩饰一阵阵突如其来的发呆，但那些活动的作用极其微弱，不足以把我从对内心混战的关注中解脱出来。我是一个手巧的孩子，能够自己制作很多小玩意儿，也喜欢散步、骑车和划船，掌握了驾驶小船的全套技术。因此，当阵发性的遐想控制我的时候，我会让自己做一些很没有意思的事，比如做出一列列纸人，或者漫无目标地在山中林间徘徊，再不然就是一言不发地划一整天船。因为玩纸人而被人嘲笑，这种事让我难过，但我既不能改变自己的行为，也不能解释为什么我要那样做。

是否因为这种日益增长的懒散促使父亲把我送进学校，我不太清楚，但无论如何，凭父亲自己的收入，他是无力负担那笔费用的，我在中学（以及后来在牛津）的学习费用都是父亲的一位有钱朋友慷慨解囊代为支付的。这样，我在13岁时被送进了一所预备学校，目的是争取获得一笔奖学金。我逐渐熟悉了那些枯燥无味的课程，这个国家的中产阶级的子弟正是靠它们去通过各种竞争考试，并以此来挣得自己的衣食。而与他们同龄的劳工阶级的子弟在那种年龄还受法律限制，不许进入劳力市场。我敢肯定，父亲的朋友每年为我支付200英镑就像只付了1英镑一样毫不在意，然而对我来说，赢得奖学金却是一件有关体面的事，哪怕只是为了对得起花在我身上的那些钱。即使没有奖学金的问题，英国教育的学科专门化——这是英国教育的主要缺点——也令我懊恼。当时，一个17世纪的愚蠢争论宛如幽灵，游荡在校园之中，教师和学生都深受影响，竟愚蠢地认为，学术研究要么是"古典的"，要么是"现代的"。但是，我却能同时学好各类功课，既钻研希腊语和拉丁语，也钻研现代历史和现代语言（我读写法语和德语，像读写英语一样容易），并可以学习自然科学。除非三科同时进行，否则哪一科都不能为我的心灵提供适当的养分。只是因为父亲的教育使我在希腊语和拉丁语方面比大多数同龄的孩子掌握了更多的知识，既然我不得不选一个专业，我便选择在我专长的领域里继续钻研，成了一名"古典的"学者。

第二章　春寒料峭

一年之后，我进了在当时享有盛誉的拉格比公学[1]，成为一名在校生。我很快发现，这所学校的声誉应当归功于第一流教师罗伯特·怀特洛[2]的才华。他是一个能为自己所从事的每一项工作增添光彩的人。我在拉格比待了5年，其中有一年是在他的班里，因此，说我在那里完全是虚度年华是不真实的。值得一提的还有另外一些事情，在第6学级的3年中，我担任了两年的宿舍长，第一次体会到了做管理工作的乐趣，并学会了如何去做这些事情。怀特洛总是善意地假定你的学识与他一样丰富，这激励着他的学生去争取似乎难以获得的成就。除了

---

[1] 拉格比公学（Rugby School），英国最古老且最有名望的、由私人资助的公学之一，位于沃里克郡拉格比，建于1567年，并在19世纪被誉为理想的男童学校。——译者注

[2] 罗伯特·怀特洛（Robert Whitelaw，1843—1917），1868—1913年任教于拉格比公学。——译者注

他，我还在另一位优秀教师 C. P. 黑斯廷斯的指导下学习了一段时间，从他那里获得了许多关于现代历史的知识。在其他没有教过我的老师中，我结识了几个好朋友，与同学们的交往也总是很愉快的。

这些好处都是学校本身所具有的，此外，我还有一些额外收获：我发现了巴赫，学会了拉小提琴，还学习了和声学、对位法和谱写管弦乐曲，创作了一大堆极其拙劣的音乐作品。我自己阅读但丁的诗，也熟悉了许多在此之前尚不了解的诗人，他们的诗用各种不同的语言写成。夏日里，我经常坐在埃文湖畔一棵柳树的横斜枝干上读书，这种随意的自由阅读是我对拉格比公学最美好的回忆，但不是印象最深刻的回忆。

描述我在拉格比公学的生活还应该提到那里肮脏的生活环境和永远充塞在我们鼻孔里的臭味。其次是那些满脸倦意、心不在焉或不称职的教师以及他们令人极度厌烦的授课，那些知识本来应该是非常生动有趣的。然后是按时作息的痛苦，那张作息表特意用各种各样的琐事占满了每天的时间，使任何人都不可能利用空闲认真着手一项工作并产出一些成果，更不可能进行"思想"，而我很久以来就把"思想"视为我的天职。

学校组织的运动会成了这里的真正宗教，而我的痛苦却是不能从中得到任何补偿，因为我在进校第一年踢足球时膝盖受了伤，当时的外科医生认为那伤是无法治愈的。这是我中学时期的一大痛苦。人们通常认为，公立中学的体育运动是为了分散青少年对性的注意。这一目的并没有达到，但体育运动确实给学生提供了必需的机会，使他们得以释放在课堂上不能表现的热情。除了少数几个像怀特洛那样不同寻常的人，我所了解的中学教师都像《愚人志》[1]里描写的中学教员一样："自诩守护知识的大殿，要引导青年。逃吧！离远一点，免得为此遭难。"

学生是教出来的。进入公学的孩子们很快就明白了，他们在学习上表现出来的任何兴趣都必然招致反感，并且，这种反感不是来自他们的同学而是来自他们的老师。因此，他们很容易养成一种习惯，即摆出一副对学习以及与学习有关的所有事情感到厌烦的姿态，而这种装模作样正是英国公立学校的人最臭名昭著的特点。但是，孩子们在才智上遭遇的挫折和阻碍必定要求一些其他的补偿，体育运动就提供了这种机会。在运动场上，没有人介意你有多拼命，足球场上的胜利将一扫课堂上的沉闷气氛。如果我的腿没有受伤，我也一定会成为一名运

---

[1]《愚人志》(*The Dunciad*)，18世纪英国诗人蒲柏（Alexander Pope）所著模拟史诗体的嘲弄诗。——译者注

动好手，而不会去胡思乱想门上的那条裂缝以及门后究竟掩藏着什么。假如真是那样，我又不能缓解那些不得不学的课程加之于我的饥饿感了。随着时间的推移，我把越来越多的时间用于学习音乐和阅读我自己选择的书籍，如意大利中世纪史或法国早期诗人的作品，原因并不是偏爱这些科目而不喜欢修昔底德[1]和卡图卢斯[2]，而是我可以自己阅读而不受教师的妨碍。

这些做法不可能掩人耳目，我成了一名叛逆者，这多少表明了我对整个教学体制的抵触。我并不违反规章制度，与舍监（在管理等级上他是我的直接管理者）保持着良好的关系；也不过分忽视功课，以免因懒散受到处罚。但是，我的老师们仍然十分清楚，我的能力与表现是不相当的，并自然地为此感到恼怒。我注意到，当他们不得不把我的作文即我们所谓的范文呈交校长，而它们又获得了称赞时，这种恼怒尤为明显。我对此无能为力，因为我的计划只是怠工，而不是捣乱，我不愿意

---

[1] 修昔底德（Thucydides，约公元前460—前404年以后），古希腊最伟大的历史学家。所著《伯罗奔尼撒战争史》从军事上、政治上，特别是心理上论述公元前431—前404年以雅典为首的提洛同盟和以斯巴达为首的伯罗奔尼撒联盟之间发生的战争。他对后来所有的历史学家都具有不可估量的影响。——译者注

[2] 卡图卢斯（Catullus，约公元前84—前54），古罗马最杰出的抒情诗人。——译者注

故意写出不好的作文。但是，我能够拒绝也确实拒绝了去争取那些可以装饰一个乖孩子学习生涯的奖励。为了使这种拒绝更合情理，我有时会去参加一些与我的学习课程并没有什么关系的竞赛：我获得了英语文学奖，我始终怀着感激之情回忆这件事，因为这项竞赛促使我读了德莱顿[1]的作品；另一项是天文奖，我为此在学校的天文台上陪伴一台直径4英寸的赤道仪和一台中星仪度过了许多个夜晚；还有一项是音乐理论和音乐创作奖；我还参加了朗读竞赛，但没有得奖。

当我提出去参加牛津大学的奖学金申请考试时，大权在握并早就对我不满的班级老师企图报复我。他不允许我请假去考试，并且说，我绝对没有获得奖学金的可能，而他不愿意让学校蒙受这样的耻辱。我把这事告诉了父亲，他非常生气并给校长写了信，我才获准去考试。我首先选择了大学学院，为保险起见，我还参加了第二类学院的考试，这样我在牛津大学度过了整整两周。第一场考试我非常认真，在第二场考试时，我决定让自己开开心，因而态度极为轻慢。在韵诗的考卷上，我写下的既不是拉丁文也不是希腊文，而是已译成现代英文的诗句

---

〔1〕德莱顿（John Dryden，1631—1700），英国诗人、剧作家、文学批评家，1670年被封为"桂冠诗人"。——译者注

(只有不熟悉古典著作的人才被允许这样做)。综合考试时，我把全部时间用来回答一个关于透纳[1]的问题和另一个关于莫扎特的问题，答题中那些孩子气的胡闹我现在都羞于回想。但是在口试时，主考人却问我：如果这类学院为我提供最优等的奖学金而牛津的学院只能给比较低等的，我将做何选择。我回答说，我父亲曾就读于牛津的学院，只要牛津给我奖学金，不管它是什么等级的，我都愿意上牛津。他们似乎并不像我的班级老师那样认为我毫无希望。

但是，我的班级老师还有最后一手把戏。有一项奖学金只发给来自我们郡的学生，我告诉他说，作为恰当的人选，我希望报名竞争它。时间一天天过去，但什么动静也没有。最后我又一次对他谈到此事，他回答说，他忘了把我的名字报上去，而现在补报已为时太晚。因此，那项奖学金按程序被宣布为"没有候选人"。这一次，我没有提出抗议。

这里，不值得把这些磨难一一归咎他人。如果说我在拉格比公学的5年时间基本是浪费了，那么责任部分在于英国公学体制所存在的那些明显的缺点；部分在于拉格比公学是这套体

---

〔1〕透纳（Joseph Mallord William Turner, 1775—1851），英国浪漫主义风景画家、水彩画家和版画家。——译者注

制的最坏样板，在它的诸多毛病中，我还没有算上被高年级同学役使或被第6学级的学生管理这种成为惯例的劳役制，这些我都当作了行善；部分在于我父亲，他在我还是孩子时就灌输给我一套成年学者的治学态度，尽管知道（我现在认为他知道）其必然后果，却仍旧认为值得那样做；部分在于我自己，因为我那时是一头自负的牛犊，一个固执己见的小学究。

这些绰号于我而言是恰当的，为了说明这一点，我将记叙我与班级老师长期失和中的一段小插曲。有一次，班级老师给我们读某个现代学者（好像是杰布[1]）为一段希腊经典作的注释，当读到"管状花瓣"这个词时，他说："管状花瓣？我不相信会有这么一个词，你们有谁听说过这种词吗？"班里的其他同学都缄默不语，如果我学会了做乖学生，我也会一声不吭的。但是，我内心有个声音在嘀咕："上帝啊，还是说吧，让这场无聊的捉迷藏游戏早点结束！"于是我说："管状花瓣是某种菊科植物的花瓣。我认为，注释者是从勃朗宁对向日葵的描绘中援引了这个词，'管状的花瓣像光线，环缀着圆盘似的脸蛋'。"我现在还记得——这种记忆带着惭愧的苦涩——我说这些话时的

---

[1] 杰布（Sir Richard Claverhouse Jebb, 1841—1905），英国著名古典学家。——译者注

轻蔑语调和那个可怜家伙的满脸窘态，他就是以这副表情称赞了我的学识。

离开拉格比公学就像被释出狱，我进了牛津大学。当时，牛津大学古典文学学士学位的初试尚未受到选集编纂风气的浸染，想要获得优等奖学金的人需要多少通读一些荷马、维吉尔、狄摩西尼[1]的作品和西塞罗的讲演；此外还有一些需要专门研究的著作，我选了卢克莱修、忒奥克里托斯和埃斯库罗斯的《阿伽门农》[2]。如同饕餮被带上宴席并且任其自酌独饮，我欣喜若狂，迷醉于荷马史诗之中，直至把它们全部读完。在多年由班级老师精心调配并用奶瓶定量喂养每日20滴掺药的奶水之后，这种阅读对我来说简直是开怀畅饮。每周，我只需要用一个小时去导师那里交我的作文。他建议我去听的课也不多，其他时间都由我自己安排。偶有例外，导师也不当回事。假如我一周都关起门来干我自己想干的事，事后向导师表示歉

---

〔1〕狄摩西尼（Demosthenes，公元前384—前322），古希腊政治家、伟大的雄辩家。——译者注

〔2〕卢克莱修（Titus Lucretius Carus，约公元前99—前55），古罗马诗人、唯物主义哲学家。忒奥克里托斯（Theocritus，约公元前310—前250），古希腊诗人、牧歌的创始人。阿伽门农（Agamemnon），古希腊神话中的迈锡尼王，特洛伊战争中担任希腊联军统帅，古希腊悲剧作家埃斯库罗斯（Aeschylus，约公元前525—前456）创作有同名悲剧。——译者注

意，他也只是以机智和善意的玩笑装作不明就里。简而言之，我来到了这样一个地方，在这里，成熟学者的治学态度即使不被假设为每个人都应该具有的态度，也至少不会有谁因为这个态度而处于不利的地位，我需要做的就是忘掉拉格比的生活，尽情享用这里的自由。

然而，事情远不是那样简单，中学时期的消极影响并不是只靠改换环境就能消除的。我渴求知识的热望在长期受阻之后发展到了近乎病态的地步，我不能想别的什么事，只愿意蜷缩在牛津大学一所四合院的塔楼上没日没夜地读书；对周围那些轻松愉快的社交生活我不闻不问，甚至没有几个朋友。我曾经长时间抗拒我的生活环境，这种经历使我愤世嫉俗、怪僻多疑；不太在意与邻居的关系很容易被冒犯，也很难不去冒犯别人。不过，我也曾多次在乡间远足；在河畔消磨了许多午后的闲暇时光；许多个晚上是在演奏和聆听音乐中度过的；也曾与友人深夜长谈直至破晓；结交了不止一个终生保持着友谊的朋友。

在着手准备学士学位考试的时候，我采用了同样的工作方法。现在我有两位导师了，一位指导我学习哲学，另一位指导我学习古代历史，他们都要求我每周交一篇学习笔记，此外便只有关于听课的简单建议了。我非常自由，可以完全按自己的方式安排学习，我充分享用了我的自由。安排学习古代历史时，我用大量时间去阅读有关希腊和罗马遗址的考古报告；有整整一个假期，我是在研读我能够找到的所有关于古代西西里的材料中度过的。在哲学方面，当时的课程只要求读到康德，我却让自己对康德以来的哲学发展有一个粗略的了解，并通过阅读原著，熟悉了用英语、法语、德语和意大利语写作的主要哲学家；我也曾用几周时间从头到尾通读柏拉图的著作。提到这些事并不是为了夸耀我的勤奋，对于18世纪任何一个与我年纪相仿的普通学生所应该做的事来说，这根本算不得什么。我之所以提到这些事，只是因为这些学习都是在没有强行要求的情况下进行的，大多数甚至没有导师的指导，这可以证明我的导师在很大程度上放任我自由安排学习。至于我的同学们，他们不会比我的导师更了解我做的事。因为我总是忙于自己读书，不去参加什么学会，在这些学会的聚会上，大学生们不过是互相展示他们的才智和学识，以博得对方的赏识。

第三章　牛津园的哲学家

1910年，我开始研读哲学著作，当时，牛津园还受到格林学派的魅惑。格林学派是我对当时的一个哲学运动的称呼，因为这个运动以托马斯·希尔·格林[1]为代表，其他主要成员还有弗朗西斯·赫伯特·布拉德雷、伯纳德·鲍桑葵、威廉·华莱士和理查德·刘易斯·内特尔希普。[2]至今尚无人撰写这个学派的历史，我在这里也无意做这项工作，但是，不就这个题

---

[1] 托马斯·希尔·格林（Thomas Hill Green, 1836—1882），英国哲学家，主要著作有《伦理学导言》。——译者注

[2] 弗朗西斯·赫伯特·布拉德雷（Francis Herbert Bradley, 1846—1924），英国哲学家、新黑格尔主义者，主要著作有《逻辑原理》《现象和实在》等。伯纳德·鲍桑葵（Bernard Bosanquet, 1848—1923），英国哲学家，曾促使黑格尔唯心主义在英国复兴。威廉·华莱士（William Wallace, 1844—1897），英国哲学家、新黑格尔主义者，以翻译和介绍黑格尔的《小逻辑》《精神哲学》而著名。理查德·刘易斯·内特尔希普（Richard Lewis Nettleship, 1846—1892），英国哲学家，格林著作编纂者。——译者注

目多少谈几句,我就不能讲清楚当时摆在我面前的那些问题。

这一学派的共同哲学倾向被他们同时代的反对派称为黑格尔主义,然而他们本身拒绝接受这一称号,这种拒绝有其正当的理由。就基本的共同点而言,格林学派的哲学既是19世纪中期英格兰和苏格兰土生土长的哲学的延续,同时又是对这些哲学的批判。与他们的大多数同胞不同,这一学派的哲学家对黑格尔有一定了解,对康德的学说有丰富的知识。他们的反对派利用这一事实,在一向轻视外国人的公众眼里败坏他们的声誉。这种做法更多是出于无知而不是故意的歪曲。格林年轻时曾研读过黑格尔的著作,但在中年放弃了黑格尔的观点,他正在构建的哲学体系由于他的早逝而中断了,如果有必要简述一下的话,那么最好把他的体系描述为休谟的一个造诣深厚的学生对斯宾塞的回答。布拉德雷对黑格尔有足够的了解,但他明确宣布自己不同意黑格尔的基本观点,并且,他已经出版了一系列著作,目的都是批判密尔[1]的逻辑学、贝恩[2]的心理学

---

〔1〕密尔(John Stuart Mill, 1806—1873),英国唯心主义哲学家、经济学家、逻辑学家。——译者注

〔2〕贝恩(Alexander Bain, 1818—1903),英国心理学家,早期联想主义心理学的杰出代表。——译者注

和曼塞尔[1]的形而上学。布拉德雷是自休谟以来欧洲哲学中最具有批判精神的人，他的意图与洛克一样，是要在这堆垃圾上燃起一把烈火。

无论在何种意义上说，格林学派在牛津园的哲学思想和教学领域中从未占据过支配地位。即使在最兴旺的时候，它也不过拥有为数不多的几个年轻人。他们的观点在大多数同事的眼里是值得怀疑的，他们中也没有谁在牛津园里长期任教。格林死于1882年，只活了46岁，担任教授才4年。内特尔希普因向主考官"散布"格林的观点而在学士学位的考试中被列为第二等，他于1892年在阿尔卑斯山上猝死，死时也只有46岁。鲍桑葵在牛津任教11年之后，于1881年33岁时永久地离开了那里。华莱士于1897年53岁时死于一场意外事故。虽然布拉德雷一直在牛津住到1924年辞世，但他从未在那里任课，也从不在私人交往中以任何方式宣传他的哲学。他完全过着隐居的生活，我在距离他不过几百码的地方住了16年，似乎从未看到过他。

---

[1] 曼塞尔（Henry Longueville Mansel, 1820—1871），哲学家、英国基督教圣公会神学家和牧师，因阐述苏格兰思想家W. 汉密尔顿爵士的哲学而知名。——译者注

这一学派的真正影响是在牛津之外。大学并不意味着培养职业学者和职业哲学家，它的目的还在于训练教会、法庭、政府机构和议会所需要的人。格林学派把他们的学生源源不断地输入公众生活，这些学生坚信哲学非常重要，他们在牛津园学到的哲学尤其重要，而他们的职责是要在实践中应用它。政治信念完全不同的政治家共同信奉着这套哲学，如阿斯奎斯[1]和米尔纳[2]；信奉这套哲学的还有教会人士戈尔[3]和斯科特·霍兰[4]、社会改革家阿诺德·汤因比[5]；此外还有一大群活跃于公众事务中的人士，一一列举他们的名字会让人感到冗长乏味的。格林学派的哲学通过对学生的影响，大约在1880年至1910年期间渗透到了国民生活的每一领域并在其中发

---

[1] 阿斯奎斯（Herbert Henry Asquith，1852—1928），英国自由党内阁首相（1908—1916年在任）。——译者注

[2] 米尔纳（Alfred Milner，1854—1925），英国殖民地行政长官。——译者注

[3] 戈尔（Charles Gore，1853—1932），英国基督教圣公会教士、神学家。——译者注

[4] 斯科特·霍兰（Henry Scott Holland，1847—1918），英国基督教圣公会牧师、神学家、社会改革家。——译者注

[5] 阿诺德·汤因比（Arnold Toynbee，1852—1883），英国社会改革家、经济学家。他对社会福利事业深感兴趣，鼓吹通过发展合作社、工会和政府援助来改善各劳动阶级的生活。不幸早逝，他的朋友为了纪念他，在伦敦东区设立了汤因比纪念堂作为社会服务机构。——译者注

挥着作用。[1]

由于格林学派的哲学从未在牛津的教师中产生过更多的影响，因此，对这一哲学的敌意——这种敌意在1910年格外风行——就不能视为对它的反动。这样说也许更合乎情理：对格林学派哲学的抵制代表着一个古老的学术传统，这一传统要努力排除日益增多的异质影响。老树在嫁接的植株下冒出新芽，嫁接的植株枯萎了，这棵老树又恢复了旧有的面貌。

不过，哲学家中还是有几个继承了格林学派传统的代表人物，他们中最优秀的是J. A. 史密斯[2]和H. 乔基姆[3]，前者是内特尔希普的学生，后者是布拉德雷的密友。他们两人后来都成了我的好朋友，我想到他们时，心里便充满了敬意和钦佩[4]，但是，这一点并不能阻止我说这样的话：他们未能挽回他们所归属的那个学派的颓势。力挽狂澜的方法是为一般公

---

[1] 到目前为止，唯一试图追溯格林学派的哲学传播过程的著作是克劳斯·多克霍恩博士（Dr. Klaus Dockhorn）的《英国唯心主义的国家哲学：它的理论与作用》（科隆，1937）一书的第二部分。

[2] J. A. 史密斯（John Alexander Smith，1863—1939），英国哲学家、古典学家，以翻译和评注亚里士多德哲学而闻名。——译者注

[3] H. 乔基姆（Harold Henry Joachim，1868—1938），英国哲学家，主张绝对唯心主义。——译者注

[4] 对乔基姆还带有哀悼之情，我写完此章后不久，他就故去了。

众提供一系列著作，详细阐述和进一步发展这一学派的学说，但他们却只拿出了一本这样的书，即乔基姆以《真理的本质》(*The Nature of Truth*) 为题而写的论著。公众对此书的欢迎清楚地表明了此类需要的存在，然而公众的企望却落空了。对乔基姆等人来说，他们没有满足公众需要的原因是他们无力做到这一点。他们是一场伟大的哲学运动的后继者，像所有后继者一样，他们感到需要说的已经都由前人说完了，用不着他们来重复。我经常敦促他们著书立说，但总是发现，我的敦促没有激起他们内心的丝毫冲动。他们写不出东西，因为他们没有感到自己有什么话非说不可。

主动权因此转到了他们的对手那边。反对派以诋毁格林学派的全部研究为己任，他们自称为"实在论者"(realists)[1]，把格林学派的主张统称为"观念论"(idealism)，而这正是格林学派最伟大的哲学家布拉德雷明确拒绝接受的另一名称。当我说格林学派在某个时期深深影响着牛津园的哲学时，我的意思是说，这一学派的研究在大多数牛津哲学家看来是某种必须加

---

〔1〕"实在论者"得名于托马斯·凯斯（Thomas Case，1844—1925），牛津反对格林学派的一个主要人物，曾著书鼓吹"实在主义"，反对派因此得名，该称呼从19世纪70年代沿用至今。

以毁灭的东西，在摧毁它的过程中，这些哲学家将放下自己的研究课题，改换自己的首要任务，至于他们各自持有何种实证观点则是次一等的问题。

实在论的领导者是逻辑学教授约翰·库克·威尔逊[1]。他是一个易怒好斗的人，个子不高，热衷于论战并天生拥有论辩能力。更重要的是，他是一个富有煽动力的教师，他对哲学思考的热忱我至今仍然记忆犹新，也很钦佩。他也不发表什么东西，有一次，他对我解释之所以如此的原因说："我平均每年要重写逻辑讲义的三分之一，这意味着我对这一课题每一部分的思考都在不断改变。如果我出书，那么，我写的每一本书都将暴露的想法在写完上本书后已经改变了。若是让公众知道你改变了你的思想，他们就不会认真对待你了。因此，最好是什么也别发表。"我没有问，他是否认为不发表东西便可以使别人误以为他从未改变过自己的观点，或者，不让别人知道他的思想是什么或他是否有什么思想，这种做法在他看来值不值得。我没有问的原因也许是我已经知道，人们不写东西的理由通常有两个：要么是意识到自己无话可说，要么是知道自己没有能力

----

[1] 约翰·库克·威尔逊（John Cook Wilson，1849—1915），英国哲学家、古典学家。——译者注

说。如果他们不承认这两点却给出任何其他的解释，那不过是掩耳盗铃或自欺欺人罢了。

威尔逊还有另外一些高论。我曾就柏拉图的《智者篇》写过一点东西，威尔逊在评论它时大谈某类专门散布谬误的人，他说："有两种不可救药的傻瓜，一种是极愚蠢的傻瓜，好比X；另一种是极聪明的傻瓜，好比Y；如果你非要做个傻瓜的话，何不做愚蠢的那个呢？！"非常抱歉，我称那些当代著名的哲学家为X或Y，我不认为自己有理由直呼其名。

威尔逊之后，实在论学派最重要的成员是他的追随者H. A. 普里查德[1]和H. W. B. 约瑟夫[2]。普里查德是一个极其敏锐和执着的思想家。如果一般的说法属实，那么，他有时更像是威尔逊的先导而不是他的追随者。眼下他刚出版了一本《康德的知识理论》（*Kant's Theory of Knowledge*），书中关于康德《纯粹理性批判》"感性论"和"分析论"部分的论述遭到了来自实在论的观点的攻击。他的课讲授笛卡尔到康德的知识论，为的是表明观念论的倾向如何在整个17世纪和18世纪发挥作用，

---

〔1〕H. A. 普里查德（Harold Arthur Prichard，1871—1947），英国哲学家，牛津道德哲学直觉主义学派领导人之一。——译者注

〔2〕H. W. B. 约瑟夫（Horace William Brindley Joseph，1867—1943），英国哲学家，著有《逻辑学入门》《伦理学问题》《古今哲学论文集》等。——译者注

并驳斥受观念论倾向影响的所有理论。约瑟夫撰写了《逻辑学入门》(*An Introduction to Logic*)，书中采取了与库克·威尔逊相似的立场。他讲授柏拉图的《理想国》，没有逃掉柏拉图主义者的称号，因为他认为，柏拉图在许多方面，特别是在观念论者出错的方面，是有道理的。后来，普里查德和约瑟夫日渐分道扬镳，普里查德发挥了他进行解构批评的非凡才能，渐渐地，他不仅摧毁了他最初打算摧毁的观念论，还出于兴趣要摧毁实在论。随着时光的流逝，他走出了这样一条路——它与彻底的怀疑主义的基准线明显交汇。在约瑟夫那里，接受柏拉图的理论并把它们当作蕴意丰富的真理这一日益明显的倾向掩盖了他的怀疑主义，然而，怀疑主义仍然存在，或者说在他的学生看来是存在的。他的一个学生曾经对我说："即使天使长加百利告诉你约瑟夫先生对某个问题的真实看法是什么，而你在交给约瑟夫的作业里引用这个观点，约瑟夫也会向你证明，你的看法是错的。"

第四章　一个青年的思考

我的导师 E. F. 卡里特[1]也是实在论学派的一个主要成员，他让我去听库克·威尔逊和实在论学派其他教师的课。我因此熟悉了这一学派全套的理论和方法。虽然那时我也自称是实在论者，但并非毫无保留。这一学派的一个重要文献，同时也是剑桥大学的那个与之平行并多少有些联盟关系的学派的重要文献，是 G. E. 穆尔[2]最近发表的文章《拒斥观念论》（"The Refutation of Idealism"），它的目的在于批判贝克莱。然而，此文实际批判的观点并不是贝克莱的，在某些要点上甚至正是贝克莱加以反驳的观点。为了弄清这一点，我只好把此文与贝克莱

---

[1] E. F. 卡里特（Edgar Frederick Carritt, 1876—1964），英国哲学家，1898 年到 1945 年任教于牛津大学大学学院，著有《美学理论》《道德理论》等。——译者注

[2] G. E. 穆尔（George Edward Moore, 1873—1958），英国哲学家，新实在论主要代表之一，著有《伦理学原理》《哲学研究论文集》等。——译者注

的著作进行对照阅读。库克·威尔逊讲授逻辑时对布拉德雷的攻击也存在同样的问题。可以肯定,他们的听众中很少有人愿意不厌其烦地对照比较这些批评与布拉德雷的著作,并探问二者的吻合程度,然而我这样做了。我发现威尔逊不断揪住那些并不属于布拉德雷的观点来批判布拉德雷。

我并不想为当年曾经有过的年轻人的胆怯而辩解。如果我已经40岁,而我又有充分证据相信,我所归属的那一思想流派的领导人在如此重要的事实依据问题上存在着如此众多的谬误,那么,我将立即与之断绝关系,不会有片刻的犹豫。然而在22岁或23岁的时候,我能够做到的只是有所辨别和保留。我这样想,实在论研究的是哲学而不是历史,作为严格意义上的哲学批评,他们的工作是要阐明某种学说是否成立,而这一点他们已经很好地做到了;至于他们在某个思想家是否主张这种学说的问题上犯了历史性错误,无论这种错误怎样使我恼火,并不会影响哲学批评的结果。于是很自然,我仍然是一个实在论者,直到我最后证实,这一学派的实证学说(positive doctrines)是虚假的,他们的批评方法也是不能成立的。

直到获得学位并成为一名哲学教师之后,我才回答了这些问题。也就是说,当我试图弄清楚,我的实在论同事们的方法和理论究竟是如何联系的,从而发现库克·威尔逊的正面主张（positive teaching）并不能抵御他自己的批判方法（critical methods）的攻击时，这些问题才变得清晰起来。假如他的正面主张与批评方法之间存在着逻辑的联系，这对于二者都可能是致命的，然而，这样的联系可能并不存在；正面主张可能是错误的，而批评的方法是成立的；或者相反，批评的方法是错误的，而正面主张是能够自圆其说的。在三种设想中进行选择的问题，在1914年一直是我思考的中心，直到战争爆发，中断了我们的学术生活。

我没有清楚地意识到自己在准备对这些问题发动侧面攻击。在成为哲学教师后，我并没有放弃历史和考古学的研究。每个暑假我都去参加一些大型的考古发掘，并从1913年起开始了我自己的发掘工作。这成了我生活中最主要的乐趣之一。我曾经学着管理中学生，现在我不得不管理协助发掘的工作人员，使他们愉快，了解他们对发掘工作的看法并使他们理解我的意图。同时，我发现自己是在知识的实验室里从事试验：首先，我向自己提出一个模糊的问题，如，"这个遗址是弗拉维人[1]的居住地吗？"然后再把这一问题分为许多细目，以某种

---

[1] 弗拉维人（Flavian），古罗马时期的一个氏族。公元69—96年，该氏族的韦斯巴芗（69—79年在位）及其子提图斯（79—81年在位）和图密善（81—96年在位）统治时期构成了弗拉维王朝。——译者注

方式继续发问，如："这里会有弗拉维人残留的陶片和钱币吗？它们是在当时就存放起来的吗？"再下一步是，考虑有助于解答这个新问题的所有可能，把它们一一应用到实践中去，直到最后我可以说："这是弗拉维人的一处居住地；一个土木结构的堡垒在有正负若干年出入的某一年根据如此这般的计划修建起来，又在有正负若干年出入的某一年由于如此这般的缘由而被放弃了。"经验使我很快认识到，在这些实验的条件下，除非回答一个问题，否则便什么也不能发现；并且，需要回答的也绝不是那种含糊不清的问题，而应是一个明确的问题。如果一个人在发掘时只是说"让我们看看这里会有什么"，那么他将一无所获，除非在挖掘的过程中，由于某种偶然的原因，他想到了某些偶然的问题："那种黑色的东西是泥炭还是居住地的地面？你脚下是一片陶片吗？这些松散的石堆是不是坍塌的城垣？"也就是说，一个人所了解的东西不仅依靠发掘坑里出现的内容，而且根据他提出了什么问题。因此，对一件发掘物提出某类问题的人将获得此类知识，而这件发掘物对另一个人则展示为另一种不同的东西，对第三个人来说，它可能是假货，而在第四个人看来，它可能什么都不是。

　　这里，我只是在历史探索的实践中重新发现了培根和笛卡尔早在三百年前就在自然科学的研究中阐明了的原理。他们都曾清楚明白地说过，知识仅仅来自对问题的解答，而问题必须是正确的并且以正确的顺序提出。我多次读过他们论述这一问题的著作，但直到我自己得到了同样的结论，才真正理解了他们。

按照牛津实在论者的说法，认识好像只是简单地"直觉"（intuiting）或"领悟"（apprehending）某种"实在"，穆尔在剑桥谈到认知活动的"透显"（transparency）时也表达了同样的看法，曼彻斯特的亚历山大[1]也不例外，他认为，认识不过是心灵与对象的"同在"（compresence）。在我看来，实在论者的全部论点就是：进行认知的心灵并不是一个消极的条件，因为它积极地参与了认知；但它是一个"简单的"条件，其中并不具有复杂性或多样性，它的功能不是别的而只是认知。实在论者假定，一个想要认知某对象的人必须行动，行动的方式可能相当复杂，目的是把自己置于一个可以理解对象的位置，一旦获得了这个位置，他要做的就只是"理解"对象或者不能"理解"对象。

在筛选出来作为例子的这类知识判断中——如"这朵玫瑰

---

[1] 亚历山大（Samuel Alexander, 1859—1938），英国哲学家，新实在论者。——译者注

是红的""我的手正搁在桌上",实在论的这一学说似乎是有道理的,但这类判断所涉及的思维活动对于我们来说太熟悉了,熟悉到不是对它生出怠慢之心就是完全忽略不计。我在历史思想的"实验室"里所学到的东西与实在论的这种知识学说并不兼容,我所谓的"提问活动"(questioning activity)不是达到与对象同在或理解对象的那种活动,也不是为进行认知活动所做的准备,而就是认知活动的半个部分,另半个则是回答问题,问答的结合才构成了完整的认知。

当时我试图阐明我所想到的这些问题,我受过实在论方法的充分训练,清楚地知道实在论者对我的阐述将作何回答。库克·威尔逊本人就对我说过一次:"我只说一句,你只看得到能看见的东西。"而我看到的只是,这种回答一句都嫌多!

我在哲学教学中应用的方法也最终归结到问答活动这一点上。从一开始我就认定,牛津哲学需要的是值得信赖的学术背景(当时我只做了这样的构想),有了这个背景,穆尔对贝克莱的"驳斥"或库克·威尔逊对布拉德雷的"驳斥"就不可能诓骗一个受过牛津训练的学生了。因此,我用具体的事例而不是说教告诫我的学生,绝不要信从他们可能听到或读到的对任何哲学的任何批评,除非他们自己阅读了第一手材料后相信,受到批评的哲学确实是那位哲学家系统阐述过的理论;我还告诫他们不要急于作出自己的任何批评,直到他们绝对相信自己理解了受其批评的那部著作。如果进行批评的推延是无期限的,那也不算什么。这些话还没有对实在论者的批评方法进行攻击。当我的学生满脑子装着那些例如对于康德的伦理学来说完全是风马牛不相及的怪诞批评来到我这里,并告诉我说,这些看法得自某某老师的讲座,我想到的就是,这些文不对题的理解是出自他们对某某老师的误解呢,还是出自某某老师对康德的误解?在这种情况下,我总是拿出一本书并且说:"让我们来看看康德真正说了些什么。"

在讲课时我采用了同样的方法。我已成了所谓的亚里士多德专家,举办的第一个讲座就关于亚里士多德的《论灵魂》,我把讲授集中在这一问题上:"亚里士多德说了些什么且他这样说的意思是什么?"而放弃了一个更进一步的问题:"它是正确的吗?"尽管这个问题很诱人。我希望训练我的听众以学者的态度去看待一部哲学著作,而把其他教师充分强调的批判任务搁置一旁。

1914年,战争的爆发中断了这一切,到那时为止,我确实还没有对上文提到的那个有着三种设想的问题作出满意的回答。不过,我所谓的侧面出击却取得了很大的进展。我使自己熟练地掌握了一种方法,并懂得了如何利用它作为检验认识理论的实验室;假如我是一个伟大的艺术家,那么我也形成并完善了自己在哲学教学中所谓的"早期风格"。两个方面齐头并进，它们的指向都在于攻击实在论。作为一种哲学，实在论由于忽略历史而犯了错误。如果预先警告实在论者避免这种攻击是可能的，我将这样说："你们必须更多地关注历史。根据我的经验，你们关于知识的实证学说与历史探索的实际情况并不吻合；你们的批评方法错误地应用到了你们认为属于某些哲学家的学说之上，而历史事实证明，他们从未有过那样的论点。"

在一种模糊的不满——我可能已经用其他类似的词表述过这种意思了——能够凝结为一个清楚的问题之前，尚需进行大量的艰苦思考。我不知道，若不是战争打断了我的学术生活，我是否能够很好地调准聚焦点。一个总是被哲学教学搅扰的心灵很难达到平和——获得内在的宁静，而这是进行哲学思考的一个条件。

第五章　问答逻辑

战争爆发后的一两年里，我住在伦敦，为海军情报机构的一个部门服务，它设在皇家地理学会的办公室里。每天，我都要穿过肯辛顿花园，路经艾伯特纪念堂。艾伯特纪念堂开始引起我的注意，并逐渐缠住了我的思绪。它像华兹华斯[1]的诗里拾水蛭的老人，具有某种奇妙的意味，似乎

> 像一个灵，曾在梦中出现
> 像一个人，来自他方，非常遥远
> 他的恰当教诲，把人的力量
> 向我注满

---

[1] 华兹华斯（William Wordsworth，1770—1850），英国消极浪漫主义诗人，湖畔派的代表，1843年被封为桂冠诗人。——译者注

纪念堂处处显得奇形怪状，爬满了蠕动的小虫，污浊不堪。有一段时间，我简直不能忍受它，每次路过都要扭过头去。为了克服内心的软弱，我强迫自己注视它，时间一天天过去，我逐渐看出这样一个问题：这一建筑的糟糕是如此明显、如此确凿、如此无可辩解，为什么斯科特[1]要这样修建它？如果说斯科特是一个拙劣的建筑师，这种说法只是以同义反复取消了问题；如果说趣味问题是难以解释的，这种说法则是以虚假陈述（suggestio falsi）回避了问题。我开始问自己，斯科特实际做的与他试图做的，二者之间有什么联系呢？他是否想过要设计一座漂亮的建筑，我是说，一座在我们眼里是漂亮的建筑呢？如果他这样想过，那么他当然失败了。但如果他竭力追求的就是某种与我们的欣赏趣味完全不同的东西呢？如果是这样，他很可能是成功的。我对这座纪念堂的感受只有厌恶，这仅仅是我的过错吗？我是在寻找这座建筑本身并不具有的属性吗？或者，我是在忽视还是鄙视它的自身属性？

连续好几个月，我每天都与艾伯特纪念堂这样对话，我思

---

[1] 斯科特（Sir George Gilbert Scott, 1811—1878），英国维多利亚盛期哥特复兴式建筑最成功的建筑师之一，著名作品有伦敦艾伯特纪念堂、米德兰旅馆等。1872年被封为爵士。——译者注

考的各种细节没有必要在这里一一描述。但是，在这些交流中，我的各种想法可以概括为一句话：它们推进了我思索良久的一个思想。

我已经说过，我在考古学方面的实践使我深刻认识到，"提问活动"在认知中具有极为重要的作用。这一经验使我不可能满足于实在论者所津津乐道的直觉主义认知理论。反映在我对逻辑的思考上，则使我从心里对当时流行的各种逻辑理论产生了反感，就像培根和笛卡尔对经院逻辑所怀有的反感一样。16世纪末到17世纪初，科学研究采取了新的方式，培根和笛卡尔对经院逻辑的反叛就是以对新经验的反省为基础的。培根的《新工具》和笛卡尔的《论方法》开始对我具有新的意义，它们是一个逻辑原则的古典表述，我感到有必要重申这一原则：知识不仅包括"命题"（propositions）、"陈述"（statements）、"判断"（judgements），或逻辑学家用来指明有关思想陈述规则的任何名称（或通过这些规则被陈述出来的东西，因为"知识"既指认识活动，又指认识的内容），而且还包括陈述、命题等所意欲回答的问题。一种只关心答案却忽视问题的逻辑，只能是错误的逻辑。

这是一部自传，而不是一部逻辑专著。出于对此书性质的考虑，我将尽可能简要地说明，当我日复一日地面对艾伯特纪念堂进行思考时，问答逻辑这一概念是如何在我的心里发展成形的。我知道，我将要说的话会引起轩然大波，几乎所有信从现行逻辑的读者都会激烈地反对我的观点。但我不打算预先防止他们的批评，只要批评者属于现存的任何逻辑流派，我自信知道他会说些什么。正因为他们的观点未能使我信服，我才要写问答逻辑这一章。我将不使用"判断"这个观念论的逻辑学家使用的概念，也不使用库克·威尔逊的用语"陈述"；以这些语词所指示的东西，我将称之为"命题"。在这一章里，命题只是表示一个逻辑的而非语言的统一体。

我的思考始于观察：不可能仅仅依据一个人说的或写的陈述句子来探知他的意思，即使他是以完全符合语言要求的方式和完全诚实的态度来说或写的。为了理解他的意思，你还必须知道他的问题是什么（即他心中的问题，也是他假设存在于你心中的问题），因为他所说的或写的东西正是对这一问题的回答。

在我的构想中，问题与答案之间是严格相关的，对此一定要有充分的认识。某个命题所回答的问题不能再由其他命题来回答，否则这一命题便不会是对那个问题的正确回答。一个高度明确和特定的命题必须蕴含这样一个答案，它的问题不是模糊的，也不是泛泛的，而是一个与命题本身一样明确和特定问题。例如，如果我的车开不动了，我可能花一个小时去检查原因。在这一小时中，假如我拿出一号火花塞，把它安装在引擎上，然后摇动手柄，同时查看火花塞里的控制放电装置，那么，"一号火花塞没有毛病"作为我的观察结果，并不是"为什么我的车开不动了"这一问题的答案，而只是对"我的车是否因为一号火花塞不能放电而开不动了"这一问题的回答。我在检修期间的每一项试验都会为某个明确而特定的问题找到一个相应的答案，而"为什么我的车开不动了"这一问题，则是总括所有特定问题的一个概要。它不是在不同时间里提出的不同问题，也不是我在整整一小时里不断追问的同一个问题。所以，当我说"一号火花塞没有毛病"时，这一观察并不意味着我在回答"我的车出了什么毛病"这个持续了一小时的问题时遭到了失败，而只标志我成功地回答了那个只存在了三分钟的问题："毛病是否出在一号火花塞上？"

这里顺便提一句（后面我还将回到这个话题上来），问答之间的相关性原则清除了认识中可能存有的许多华而不实的空话。人们在谈到原始时代的野蛮人时可能这样说："他们永远面临着获取食物的问题。"但是，野蛮人真正面临的问题像人类的所有问题一样是具体而暂时的，他们的问题只是如何叉鱼，挖掘植物的根块，或者在树林间采到黑莓。

下一步，我要把相关性原则应用到对逻辑矛盾的分析之中。现行逻辑认为，两个命题仅仅作为命题就可能互相矛盾，因此，只需要检查命题就可以发现它们之间是否存在矛盾。这一观点是我所不能同意的。除非你知道一个命题所回答的问题是什么，否则便不能说出它的意义。如果你误解了这个命题的问题，也一定会误解它的意义。误解一个命题意义的病症就在于认为，此一命题与事实上并不发生矛盾的彼一命题之间是相互矛盾的。我认为，两个命题只有在回答同一个问题时，才有可能互相矛盾。因此，我们不可能这样谈论一个人："我不知道他想要回答的问题是什么，但是我看出了，他是自相矛盾的。"

相关性原则还可以应用于分析命题的真假。如果一个命题的意义是与它回答的问题相关的，那么，它的真假也必定与它的问题相关。命题的意义、矛盾与否、真假与否，这些都不是命题本身所具有的，因为命题只是命题。只有当命题作为问题的答案时，这些东西才属于命题：每一个命题都回答一个与自身严格相关的问题。

现在，我要向我所谓的命题逻辑（propositional logic）以及由其发展出的被普遍接受的真假理论挥手道别了。倘若我以命题逻辑这一名称概指所谓的"传统逻辑"、18—19世纪的"观念论逻辑"和19—20世纪的"符号逻辑",那么命题逻辑的真假理论则在于认为,逻辑的主要任务是分辨命题的真假,而真假又属于命题本身。这一思想的表达方式通常是把命题称为"思想单元"。所谓"思想单元"的意思是,如果将一个命题分解为主语、系动词和谓语等等,那么每一个部分单独而言都不是一个完整的思想,即不可能有真假。

我认为,命题逻辑的这一思想是由逻辑与语法之间悠久的历史渊源而产生的错误。逻辑学家的命题在我看来就是某种游荡在语法学家的语句中的幽灵,就像在关于心灵的原始推测中,人们把心灵想象为寓居在身体内部的灵魂。在语法上,句子是对话的形式。在句子中,除了那些表现疑问、祈使的语言表达,还有一种以陈述形式出现的语言表达,用语法术语来说,这就是直陈语句。而逻辑学家一直在努力构想那种非真即假的"思想单元"作为逻辑的某种"灵魂",它的语言"躯体"就是直陈语句。

然而,使逻辑的命题与语法的直陈语句彼此相关的意图从来没有完全实现。不断有人指出,真正的"思想单元"不是命题,而是某种内涵更为丰富的综合体,在这个综合体中,命题是针对一个问题的答案。不仅培根和笛卡尔有过这方面的论述,柏拉图和康德也考虑过这样的问题,可以引以为例。当柏拉图把思想描述为"灵魂与自己的对话"时，他的意思（我们从他的那些对话录中得以了解他的意思）是说，思想是一个问答的过程，而在问答这两项因素中，提问活动更为重要，也就是说，苏格拉底就在我们心中[1]。康德说，问答法使一个聪明人知道，什么是他有充分理由提出的问题，这表明，康德实际上放弃了纯粹的命题逻辑，而要求逻辑包含问题和答案二项。

即使不引述先哲们的上述思想，仅就逻辑而言，可以说逻辑从来没能成功地断言，命题与直陈语句之间存在着事实上的一一对应。人们经常说，一个人在特定场合实际用以表达思想的语言可能是"简略的"或"冗长的"，或者换句话说，与一个句子应该表达一个命题的规则是不相吻合的。再者，人们也普遍认为，一部小说中的直陈语句也只是陈述，并没有比这更多的含义，它们不表达命题。给定了这些或其他一些限制条件以后，命题逻辑最重要的原理就可以这样表述：在命题与直陈语句之间存在，或应该存在，或在构造合理、使用得当的语

---

[1] 苏格拉底在西方哲学史上以善于提问题而著称。此句中的苏格拉底应作为提问者来理解。——译者注

言中会存在[1]——对应的联系，每一个直陈语句都表达一个命题，而命题的定义是思想单元，或者是具有真假属性的逻辑单位。

这是各种著名的真假理论共同假定的基本原则。细加分别，又可以列为四种观点：第一种观点认为，一个命题的真假仅仅以自身为依据，真假是命题本身的属性。第二种观点认为，一个命题的真假在于它与命题所涉及的"事实"是否相符。第三种观点认为，一个命题的真假在于它是否与其他命题"彼此相容"。既然实用主义理论颇为盛行，所以还应提到第四种观点，即实用主义者认为（至少根据他们的某些观点来看是这样），一个命题的真假在于它是否被认为有用。

所有这些关于真假的理论都是我所不能赞同的。这并不是我的创见，任何一个读了乔基姆《真理的本质》一书的人都会看出，这些理论都暴露出了致命的弱点，但我否定它们的理由并不是因为它们都有严重的缺陷，而是因为它们都预设了命题逻辑的基本原则，这一原则才是我要彻底否定的。

---

[1] 因此，命题逻辑众多而令人惊骇的著述均出于误用语言，也就是建立某种"逻辑语言"的形形色色的尝试，它们肇始于教科书上那种"把命题简化为逻辑形式"的学究式的迂腐，而终止于目前出版的《数学原理》(*Principia Mathematica*)一书中的烦琐。

我打算用我所谓的问答逻辑（Logic of question and answer）来取代命题逻辑。我认为，如果"真"的含义是指我作为一个哲学家或历史学家在我的日常研究中一直追求的那种东西，那么这种含义的"真"就是指一个哲学思想或一个历史叙述，这是"真"所应有的恰当含义。据此可以说，"真"不属于单一的命题，也不像主张真理融贯说[1]的人所认为的那样，属于一组相容的命题，"真"只属于包括问题与答案在内的那个综合体。这个综合体的结构从未被命题逻辑研究过，凭借着培根、笛卡尔和其他先哲的理论的帮助，我想尝试着用几句话来界定问答逻辑：问题和答案在一个既定的综合体中必须是相关的或相称的，同"属于"一个整体并在其中占据着各自的位置；每一个问题都必须"呈现"出来，如果我们以问题"没有呈现"为理由拒绝回答它，那么，问题的缺席一定是我们深恶痛绝的；每一个回答必定是它声称要回答的那个问题的"正当答案"。

这里的"正当"并非指"真"。所谓对一个问题的正当答案，乃是指能使人们继续进行问答的那种答案。对一个问题的"正当"回答可能是"假"的，这种情况并不少见。例如，一个思想家可能会因为粗心大意或为了归谬（reductio ad absurdum）而追随一

---

〔1〕指命题的真假在于它是否与其他命题彼此相容。——译者注

个假的提示。因此，当苏格拉底问（柏拉图：《理想国》，333 B），你希望玩跳棋游戏的搭档是一个正直的人呢还是一个懂得如何下棋的人，坡勒马库斯[1]回答，"希望他是一个懂得如何下棋的人"，这就是一个正当的回答。然而，这一回答却是"假"的，因为它假定正直和玩棋的能力是可比的，二者都是某种"技巧"，或专门化了的技术形式。但它又是"正当"的，因为它构成了一个完整的问答链环，通过继续问答，假设中的虚假内容可以被揭示出来。

一个命题被认为是"真"，在一般的意义上不外是指：1. 命题属于一组问答的综合体，就"真"的恰当含义而言，这个综合体作为一个整体是"真"；2. 在这个综合体中有着对某个确定问题的答案；3. 问题是我们通常称之为合理的或者可以理解的问题，或者用我的话来说，是"呈现出来"的问题，而不是那种含糊不清的问题；4. 命题是对该问题的"正当"的答案。

假如以上所述就是我们称一个命题为"真"的含义，那么，除非我们知道一个命题所要回答的问题是什么，否则便不能说它是真或假；此外，一个实际上是"真"的命题也会被某些人

---

[1] 坡勒马库斯（Polemarchus），《理想国》对话的主要参加者之一。这场对话是在坡勒马库斯家中的宴会上进行的，主题是"什么是正义"。——译者注

误认为是"假",这些人不辞辛劳去构想一个只能给予错误回答的问题,并使自己确信它就是这一命题所要回答的问题。同样,一个实际上有意义的命题也会被某些人误认为没有意义,因为他们相信,这一命题所要回答的问题——如果那个问题真是它要回答的——正是它既不能给予正确回答,也不能给予错误回答的问题。一个既定的命题是真还是假,有意义还是无意义,其根据在于此命题所要回答的问题;如果你想知道一个既定的命题是真还是假、有意义还是无意义,你就必须找出它所要回答的问题。

"作者是把这个命题当作什么问题的答案呢?"这是一个历史性的问题,因此,只有应用历史的方法才能给予解决。现在人们通常认为,在久远的年代里写下的那些文献深奥难懂,这是因为作者(至少那些优秀作者)总是为自己同时代的人写作,特别是为那些"可能会感兴趣"的人写作;"可能会感兴趣"的含义是指,那些人在探问作者正在解答的问题,这样,作者本人反而很少解释什么是他要努力回答的问题。后来,他的作品成了"古典文献",他的同代人已全部作古,他所论述的问题因此也被逐渐淡忘了。如果他对问题的回答被普遍认为是正确的,他的问题就被忘得更彻底,因为人们不再询问他所探究的问题,并进一步提出了新的问题。因此,某作者回答了的问题，其本意只能被历史地重建出来，而要做到这一点，处理历史材料的诸种技能训练就是必不可少的了。

"活见鬼！"哈姆雷特说，"你们以为我比一管笛子还容易摆弄吗？"颇有名气的哲学家，如罗森克兰茨和吉尔登斯特恩[1]毫不怀疑，他们只需要读《巴门尼德篇》就能知道它的意思。但是，如果你把他们带到豪塞斯特兹城堡[2]的南门并对他们说："请辨别这些建筑的不同年代，并解释不同时代建筑者各自的意图。"他们会拒绝说："天哪，我可没这本事。"他们何以认为《巴门尼德篇》比一座废弃的罗马小城堡更容易理解呢？活见鬼！

由此导致了一个结论——这一结论在当时使我深感震动：鉴于两个命题本身并不会互相矛盾，因此往往会出现这种情况，同一对命题既可以被认为是相互一致的，也可以被认为是相互对立的，这完全取决于命题所要回答的问题是以这种方式被重建呢，还是以另一种方式被重建。例如，形而上学家说过这样的话："世界既是一，又是多。"愚蠢的批评家何其多，他们责

---

[1] 罗森克兰茨（Rosencrantz）和吉尔登斯特恩（Guildenstern），莎士比亚戏剧《哈姆雷特》中哈姆雷特大学时代的朋友。——译者注

[2] 豪塞斯特兹城堡（Housesteads），英国北部的罗马考古遗址。——译者注

怪形而上学家自相矛盾。确实，在纯粹逻辑的范围内，"世界是一"与"世界是多"是互相矛盾的命题，公众对形而上学的反感在很大程度上就是因为这种缘故。应该说，这完全是批评家的过错，因为他们并不知道他们所要批评的人正在谈论什么，也就是说，不知道被批评者所要回答的问题是什么，但他们却怀着凡夫俗子的恶意，即以懒惰诋毁勤奋、以无知对抗博学、以愚昧反对智慧的恶意，竭力使人们相信，形而上学家所说的全是些无知无识的胡言乱语。

假设形而上学家谈论的不是世界，而是一个带滑盖的桃花心木小盒子里的东西；再假设他这样说："盒子里的东西是一，也是多。"一个愚蠢的批评者可能这样认为，形而上学家为"盒子里有一个 X 还是多个 X"这个问题提供了两个互不相容的答案。然而在这里，批评者是错误地重建了形而上学家的问题。形而上学家的命题可以被重建为这样两个问题：1. 盒子里有一副棋子还是有多副棋子？ 2. 盒子里有一颗棋子还是有许多颗棋子？

说一个东西是一，又说这个东西是多，其间并没有矛盾，无论这个东西是指世界还是指一个盒子里的东西。只有当一个东西被说成既是一个 X，又是多个 X 的时候，矛盾才会出现。但是，在原初的陈述中，无论是关于世界还是关于棋子，都没有涉及一个 X 与多个 X 的问题，这是批评者添加的私货。批评者所抱怨的矛盾在被批评者的哲学中从来不曾存在，它是批评者自己编造出来并移植上去的，正如他可以编造一纸谋反信函塞进被批评者的口袋，然后以同样值得赞许的动机去告发，以获得揭发阴谋的奖赏。

如果说学说 D 被批评为自相矛盾，原因是它被分成 E 和 F 两个部分后，E 与 F 是彼此矛盾的，那么，只有在批评者正确地重建了 E 和 F 所给予了回答的问题时，对学说 D 的批评才是成立的。意识到这一限定条件的批评者当然会"把自己的分析过程展示出来"，向读者说明自己有充分的证据得出这一结论，即，被他批评的著者确实系统地阐述了这样的问题，其中，E 和 F 是互相矛盾的。如果批评者没有这样做，而读者也无意自己重建问题，那么很自然，读者将根据自己对批评者的大致认识——他是一个优秀的历史学家呢，还是一个拙劣的历史学家——来确定他的批评是否成立。

问答逻辑的提出使我能回答在 1914 年就存在的那个问题了（那一问题在上一章结束时曾提到过），即，实在论者的批评方法是否成立？回答只可能是否定的。因为在我看来，实在论者的绝招就是，把被批评的观点分解为各种命题，然后在命题之间查找矛盾。按照他们的思路，命题逻辑的规则根本不会使他们想到，这些矛盾可能正是他们自己错误的结果，而他们的错误就是，对被批评者努力回答的问题产生了历史性的误解。也许，他们也有机会不犯这样的错误，但是据我所知，实在论者对待历史的态度使这种可能很难存在。无论如何，一种批评方法只要存在着犯错误的可能，它就是有缺陷的。

1917年，我利用业余时间撰写《真理与矛盾》（*Truth and Contradiction*）一书稿，对上述思想进行了详细的阐述，并加进了大量的具体事例分析。书成之后，我冒昧地把它交给一位出版商，却被告知，这类书不合时宜，几乎没有希望出版，让我最好搁置一阵。那位出版商的决定从两方面看都是正确的：时节不利，此其一；我在写书的技巧上还是新手，此其二。在此之前，我只出版过一本书，即《宗教与哲学》（*Religion and Philosophy*），出版时间是1916年。它在早些年里写成，目的是清理我当年初步研读神学典籍时所考虑的那些问题，也算是告一段落。我愿意出版它的原因是，年华似水，前途渺茫，我希望在身后留下的是一部哲学思考的作品，而不愿意（现在仍不愿意）让遗嘱执行人来整理遗稿。

第六章　实在论的衰落

战争结束后我返回牛津时，已成为实在论的反对者了。那时，我还不知道就哲学问题宣读论文和展开讨论是件徒劳无益的事，便以亮出底牌的意图向同事们宣读了一篇论文，努力向他们证明，库克·威尔逊实证学说的核心思想——"认识对于被认识的对象并无影响"——是没有意义的。我证明说，任何一个像库克·威尔逊一样声称确信这一思想的人，实际上是宣布自己知道他本人规定为不知道的事情。因为，如果你知道条件 c 存在与否对于事物 θ 并无影响，那么你就是知道，在条件 c 存在的情况下事物 θ 的状态是什么；同时你也知道，在条件 c 不存在的情况下事物 θ 的状态是什么。对比二者，你发现它们没有什么不同。你知道事物 θ 在条件 c 不存在时的状态，在这种情况下，你就是在宣称自己知道你自己规定为不知道的事情。

我的论题并没有局限在这一点上。我重新考察了库克·威尔逊在其讲座中作了详细阐述的一系列逻辑学说，指出它们来自布拉德雷；我甚至说，除了"认识对于被认识的对象并无影响"这个荒谬的说法，实在论根本没有什么属于自己的实证学说，它从自己最初想要诋毁的那一思想流派那里窃取了它现有的一切。最后，我把实在论称为"现代哲学中尚未清算的破产者"。

这些说法在多年后看来可能有欠公正，因为实在论学派还能拿出诸如亚历山大的《空间、时间与神性》(*Space, Time and Deity*)和怀特海[1]的《过程与实在》(*Process and Reality*)这样的著作来。然而，就是这类杰出的著作也为我的论点提供了例证。就"自然哲学"这一术语所具有的后康德主义的含义而言，亚历山大和怀特海的著作都构建了一个自然哲学的体系。亚历山大的自然哲学比黑格尔的学说更多地模仿了康德的《纯粹理性批判》。在许多重要的方面，它与人们所设想的"自然形而上学"非常相似，康德原打算写作这样一本书，但最终未能如愿。怀特海则与黑格尔有更多的相似，虽然他不太熟悉黑格尔，但他对自己与黑格尔相似这一点并非完全没有意识，他认为自己的那部著作是尝试"以实在论的观点"重做"观念论"

---

〔1〕怀特海（Alfred North Whitehead，1861—1947），英国哲学家、数学家，新实在论的主要代表之一，主要著作有《数学原理》（与其学生罗素合著）、《科学与近代世界》等。——译者注

的工作。

如果实在论承认"被认识的对象独立于对它的认识之外并不受认识的影响"这一学说,那么,怀特海就根本不是实在论者,因为他的"有机哲学"认为,在一个特定的情境中,每一个构成要素都与这一情境中的其他要素保持着联系,这种联系不仅是共存关系,而且是互相依存的关系。由此推论,在一个情境中,一个要素是心灵,另一个要素是心灵已认识的对象,那么,认识者与被认识者就是处于互相依存的关系之中。这恰好是实在论者要否定的理论,对它的否定是实在论的主要目的。

亚历山大提交给英国国家学术院的论文《实在论的本质》("The Essence of Realism")是这一学派最早且最重要的文献之一,文中也表述了与怀特海相似的论点。在《空间、时间与神性》中他仍然没有忘却这些观点。然而,这部杰作的主体思想大都出自康德和黑格尔的观念,只不过装饰上了一道实在论的门面而已。情况并不因此而变得更糟。怀特海的宇宙论依据的是反实在论的原则,而亚历山大依据的则是非实在论的材料。二者都不足以说明英国实在论者在宇宙论方面具有丰硕的成果,而用它们作为下列事实的证据也许更合乎情理:英国哲学,至少就这两位最优秀的哲学家而言,可以说正在从实在论的瘟疫中恢复过来,并重新与实在论宣称要与之决裂的那个传统建立联系。

事物的既定状态是萎靡不振还是兴旺发达,不同的人会有不同的看法。丧失了尾巴的狐狸四处宣讲没有尾巴的好处。[1]我已说过,实在论的实证学说是没有价值的,它的批评方法同样有害,由于这种批评的有效性并不是以被批评的学说本身所具有的谬误为依据,而是建立在批评者给每一个受其批评的学说所造成的分割之上,它的害处就更加突出了。因此,不管怎样说,实在论要逐步放弃所有的实证学说,并为自己的每次放弃都是摆脱谬误而感到庆幸。这是不可避免的事情。

在实在论众多的后果之中,首先要提到的是他们对道德哲学的攻击。从苏格拉底到我们生活的时代,道德哲学一直被认为是致力于更加明晰地理解有关行为问题的一种努力,目的是更好地行动。1912年,普里查德宣称,对道德哲学的这种理解从根本上就是错误的,他鼓吹一种新的道德哲学,一种纯粹理论的道德哲学。在这种道德哲学中,道德意识的活动方式将被视同于行星的运转而得到科学的研究,研究者绝不能存干预之

---

〔1〕典出《伊索寓言》。一只狐狸被捕兽器夹掉了尾巴,事后它感到难堪,便向其他狐狸宣讲没有尾巴的好处并劝说它们也割掉尾巴。一只老狐狸听了它的话后说:"如果有机会重新得到自己的尾巴,你是不会劝我们割掉尾巴的。"——译者注

心。剑桥大学的伯特兰·罗素以同样的态度提出,把伦理学从哲学中排除出去。在这一领域,他们之间的区别只是表面的。

接受了这一新纲领的实在论哲学家都是或几乎都是指导男女青年学习的教师。他们的学生正站在人生的十字路口,其中有许多人正站在公众生活的十字路口,尚未形成自己的品性和品格。半个世纪之前,处于这种状态的青年人将得到这样的告诫:对他们正从事着的或将要从事的工作进行思考,有可能使他们从整体上把它们干得更好;对道德和政治行为的本质有一定的理解,力图形成一套自己的理想和原则,是保证他们行为正当的必不可少的条件。他们的老师在引导他们研究道德和政治理论时将对他们说(无论是否使用语言,因为最重要的事情往往不是靠语言来传达的),"认真地对待这一课题,因为,你是否理解它们将使你的整个生活具有完全不同的意义"。实在论者则正相反,他们对学生说:"如果你有兴趣研究这一课题,那就研究好了,但不要认为这种研究对你会有什么实际用处。记住实在论最重要的一条原理吧,没有什么东西会受到认识的影响。这条原理对于人类行为和其他事物都是同样适用的。道德哲学只是关于道德行为的理论,因此,对道德行为的实践并无影响。人们的行为是否道德并不取决于他们是否具有某种道德哲学。我作为一个道德哲学家站在这里,我将尽可能告诉你们合乎道德的行为是什么,但不要指望我告诉你们该怎么做。"

这里,我并不涉及潜藏在这一纲领中的诡辩而只谈它的后果。无论学生们是否指望一种能为他们提供生活理想和行为准则的哲学,一种像格林学派曾为他们的父辈所提供的哲学,但实际上都没能得到它;他们听到的是,哲学家们(冒牌的不算)无意提供这种哲学。因此,学生们从中引出的结论必然是,既然一个人不能从思想家那里或者从有理性的思考中寻得指南,不需要从理想或原则中寻得依据,那么为生活中的疑难寻找指引时,他效仿的必定是愚众而不是思想家;主宰他的必定是盲目的激情而不是理性的思考;他追求的必定是怪诞而不是理想;他依据的必定是权宜之计而不是道义原则。如果实在论者想培养出这样一代英国人:他们是道德、政治、商业、宗教等领域中每一个冒险家的潜在受骗者,而那些冒险家正是靠诉诸他们的激情和向他们许诺他不能兑现也不打算兑现的利益而行骗的;如果实在论者要培养的就是这样的上当受骗者,那么,他们的做法确实是再好不过的了。

若不是实在论者在其课程发挥作用之前就在他们的学生面前名誉扫地,结果将会更糟。自我贬值的过程是一点一滴地逐步完成的。实在论者不但完全抛弃了传统伦理学,还在构建他们的道德哲学新体系时考察了所有涉及道德行为的理论，为的是弄清楚它们是否可以作为新体系的构成部分，最后认为它们全都不行。他们彻底抛弃的另一传统哲学是知识理论。然而，尽管实在论一开始就自我限定为一种纯粹的知识理论，但其追随者还是很快发现，知识理论这种说法在语词上是矛盾的。通过对"公众利益"这一概念的否定，实在论者还摧毁了传统的政治学说。"公众利益"是一切社会生活的基本观念，但实在论者却坚持认为，所有的"利益"都只能是个人的。在这个过程中，被认为是哲学理论的一切都遭到了实在论的批评的袭击，并被击得粉碎。实在论者就这样以他们惯有的实证学说一点一点地捣毁了一切。这里，我仍然只涉及这种毁损对于学生们的影响：正是（怎么可能不如此呢？）使学生们确信哲学不过是一种愚蠢而无用的游戏，使他们对这一学科抱定了终生的蔑视并永远怨恨那些迫使他们关注哲学问题因而浪费了他们的时间的人。

实际发生的一切是有目共睹的。格林学派的哲学家告诉人们说，哲学并不是职业哲学家的私有领地，而是每一个人的事业；他们的学生逐渐在这个国家里造成了一种影响，受这种影响的人即使不是职业哲学家，也会对哲学怀有兴趣并视之为生活的重要内容，也不会因为自己只是业余爱好者而自认为没有资格就哲学问题发表意见。这些人死后，他们的位置无人取代。大约在1920年前后，我发现自己在思考这样一个问题："为什么现在的牛津人——除非他已70来岁或者他在牛津或其他什么地方担任哲学教师——不再重视哲学而把它视为无用的清谈？"答案不难发现并可以由下列事实给予进一步的证实：实在论者与格林学派的哲学家不同，他们坚持认为，哲学只是职业哲学家的领地，而且他们对历史学家、自然科学家、神学家和其他非专业人士的哲学见解极为蔑视。

失去尾巴的狐狸还知道自己没有尾巴。然而，当人们放弃了他们的道德、宗教和在学校里获得的知识以及诸如此类的东西时，这种精神上的断尾却通常被无尾者视为自身境况的一种改善。实在论者的情况正是如此。他们很高兴能够清除各哲学流派不区分哲学与布道的混乱，这种混乱纠缠着一种陈旧而糟糕的理论，竟然以为道德哲学能够给予学生一种观念从而使他们成为更加优秀的人。他们也为自己能够发明一种新的哲学而感到骄傲，这种哲学完全摆脱了利欲熏心的功利目的，因而实在论者可以对天发誓说它绝不指向实用；这种哲学如此具有科学性，若非专门从事此项研究的人绝不能欣赏它；这种哲学如此深奥，以至于只有成天研读它的学生或对它有着特殊敏感的人才能懂得它。他们毫不理睬蠢材和非专业人士对其哲学的蔑视，如果有谁不同意实在论的观点，那不过是因为他们智力低下，不然就是动机不纯。

实在论运动后期发展的历史永远不会被记载下来，它是这样一个故事，叙述了那些对早期实在论者的思想有着充分理解并尽了最大努力保持其忠诚的人，是如何在一阵踉跄之后找到了一块立足之地，又如何跌跌撞撞地从一套临时拼凑起来的哲学闯入了另一种哲学，宛如一场智力的梦魇。伯特兰·罗素是这些人中的一个，他才华横溢，修养深厚，他的著作为自己追求一种哲学的持续努力留下了记录。但这些人中的多数，在过去和现在都不能清晰地阐明自己的思想，或者是由于种种磨难而说不出什么来了。当这些人和他们的朋友都死后，甚至不再有人知道他们的一生是怎么度过的。我看清了这一点，当然不会步其后尘。

如果说我年轻时的那种实在论已经死了，那么，它留下的遗产就不仅有排斥哲学的一般偏见，而且还有一个带有偏见的继承人。实在论的命题逻辑，如罗素和怀特海所构筑的那种逻辑，已经促成了一个学派的产生，这一学派以早期实在论者攻击形而上学的方式继续抛弃那些可以称之为实证学说的东西。我已经评论过命题逻辑了，我还可以进一步解释，何以我认为这一学派以其全部的聪明才智和坚持不懈的努力却只是在以连篇的谎言搭建纸牌屋。我认为这样做并不全然是浪费时间。观念论的逻辑是并存着真理和谬误的混合体，这一学派与它的联系就像牛津的实在论与格林学派的联系一样。它主要是命题逻辑，但也有一些问答逻辑的成分。我希望它的后继者能够根除其谬误而发展其真理，但他们的所作所为却恰恰相反，对我来说这未必不是一件幸运的事。在逻辑的领域我是一个革新者，像其他革新者一样，我为复旧派的产生而感到庆幸，他们使问题变得清晰明白了。

第七章　哲学的历史

就我本人的哲学思想而言，我现在摆脱了大多数同事所归属的实在主义学派的影响，也摆脱了英国甚至世界任何一个哲学流派的影响。这样说并不意味着我处于离群索居的隔绝状态，我与牛津大学和不列颠群岛以及其他地方的许多哲学家相处得很好并分享着他们的友情，我也很乐意介入他们的哲学对话，喜欢倾听并参加他们的讨论。

这类讨论定期地举行着。我通常每周都要与十来个同事相聚一次，为的是讨论我们中的某个人提出的某个论题或某个论点。还有一种比较正式的聚会名曰"牛津大学哲学学会"，它每学期举行两三次，一般在星期日的晚上聚会，宣读和讨论与会者的论文。一年一度的联合年会就很无聊了，这种年会在某个大学区举行，有各种哲学团体参加，宣读论文和举行讨论将持续好几天。这种聚会可以让一个人结识自己的同行。至于其他用途，则不过是展现受非议学派的与会者的亢奋情绪；或者让人看清，实在没有必要为某个自大狂的著作浪费时间，这种人的巧言善辩只不过证明他的不学无术。而且，会上的讨论对于哲学探究这一目标毫无补益。就哲学问题进行讨论在导师和学生之间是一桩美妙的事情；在两个密友之间也还有益；在少数相互熟知的朋友之间尚可容忍；而在年会这类场合，它的唯一可取之处就是让与会者熟悉他人的观点。哲学讨论一旦成为以驳斥和说服为目的的辩论，也就丧失了意义，因为这样的辩论不能说服任何人（至少在我长期的经验中是如此）。哲学讨论一旦沦为泛泛而论，也就破坏了讨论本身。某位与会者宣读了一篇论文，其他人夸夸其谈的程度与他们对此论题的无知程度是成正比的。在这样的场合大出风头并不需要思维清晰、头脑敏捷，只需要一张巧嘴，对于学舌的鹦鹉来说这就够了。哲学家不会谈论自己没有思考过的问题，思考得越多的人往往谈论得越少。

因此，下面谈到的情况就不算什么特别令人遗憾的事了：当我参加每周聚会的讨论时，问题常常是别人的，处理这些问题的方法常常是别人的；如果我试图提出我感到特别有趣的问题或者以我认为正当的方法引导一场讨论，总会遇到不同程度的误解或看到哲学意识受到摧残的表情。这样的经历使我很快懂得了我必须明白的道理：我只能独立地从事自己的研究，而不能指望哲学领域里的同行们给我任何帮助。

不过，我并没有因此就停止参加同事们的讨论。在第五章里我曾指出，根据"问答逻辑"，一个哲学家的思想是他对自己提出的某些问题的解答，不知道这些问题是什么的人就不可能理解这位哲学家的思想。根据"问答逻辑"我还得提出另一观点：任何人都可以理解任何一位哲学家的思想，只要他能够把握这些思想所针对的问题。问题不需要是他自己的，它们可能属于某个与他自己头脑里正思考的问题完全不同的思想体系。但是，这种差别不应该妨碍他对问题的理解，也不应该影响他的判断：对这些问题有兴趣的人是否以正当的方式回答了它们。

这一观点为哲学家们保全了体面，他们据此可以参与讨论那些不属于他们的问题，并协助构建那些不属于他们的哲学体系。因此，当其他哲学家讨论在我看来是产生于谬误的分析或是以不能成立的原则为前提的问题时，我总是以介入古典哲学讨论的态度参加到这些讨论中去，不指望其他论辩者对我的问题发生兴趣，但却明确要求我自己对他们的问题保持兴趣。

同样，我也不指望其他哲学家理解我。反对实在论的人在当时都自动划归观念论学派，这意味着是格林学派的残余分子。然而并没有一个现成的位置可以安置这样一个哲学家，他受过实在论的全面训练，但最终反叛了它，他获得了自己的结论，却与格林学派的教诲大相径庭。尽管时常有一些异议和忠告，但我却由此发现了我的归属。我逐渐习惯了这一点。否则，我可能会非常恼火，以致无法对批评保持沉默。某个实在论者（非牛津人）对于我试图阐明自己观点的第一本著作只读了寥寥几行就将它斥为"陈旧的观念论的胡言乱语"并弃之不顾，我对这类批评的态度是沉默，这是每一个有自己的事要干的人必须具有的态度。

那本书是《心灵之镜，或知识的图式》(Speculum Mentis, or The Map of Knowledge)，出版于1924年，从许多方面来看都可以说它是一本很糟糕的书。[1] 其中阐述的观点尚未完全考虑成熟，表述上也存在许多问题，各种细节材料形成的厚重外壳挡住了相当一部分读者，对于他们来说，具体的事例说明更为

---

〔1〕写到这里，我翻看了《心灵之镜，或知识的图式》，这是此书出版后我第一次重读它。我发现它比我记忆中的要好得多。它记录了许多真切的想法，表述也不是那么含混不清。如果它的许多内容现在已不能使我满意，那是因为成书后我的思考并没有停止，因此，需要对它的许多部分加以补充使之完善，但并不需要取消多少东西。

关于对批评的答复：我从未公开回答也不愿意公开回答对我的著作的任何公开批评。我太珍惜自己的时间，有时我想，有一种礼貌的做法，即以私人信件的形式对来信中的批评或对公开发表而作者又给我寄了复印本的批评文章作一简短解答。这样的解答当然不是对批评的回答，并且，我绝不会同意发表这些信件。

适宜。有的评论者说他们对我的书完全摸不着头脑或视它为"胡言乱语",我应当对他们的看法表示百分之百的同情。但是,只要他不是十足的白痴,只要他有足够的智力读懂我的书,他就会认识到,我的观点既不是"陈旧的",也不是"观念论的"。

还是言归正传吧。倾听并参加题目和方法都属于别人的讨论这一习惯对我的研究极有帮助。我追踪同时代其他与我的观点完全不同的哲学家的研究;写文章详尽阐述他们的见解并把这些见解应用到他们没有处理过的题目中去;在我的思考中重建他们的问题,以极其真诚的态度研究他们试图解决这些问题的方法。我感到,这不仅是一项令人愉快的工作,而且是一项极有成效的练习。具有分享和欣赏其他哲学家的研究工作(不论他们的哲学与我的思想有多大的差异)的能力并非总能取悦于我的同事,它可能会使他们中的一些人误认为我对自己的思想没有一贯的自信,也会使另一些人恼怒不堪,以为我懦弱,不敢为自己辩护。在某次周会讨论中,当两个互相对立的思想(我记不清具体的内容了)相持不下时,我指出,这两个思想是建立在同一个错误的前提之上的,普里查德以极其恼怒的语调对我说:"希望你别这样拐弯抹角。"20年来对他思想的了解使我清楚地知道,解释是没有什么用处的,如果我进行解释,他会立即打断我,以他惯有的方式在 5 分钟之内驳倒他认为我要说的一切。

对待他人思想的这种方法虽然是从我的"问答逻辑"中正式推导出来的，但在完成这一逻辑构建之前我早已养成了这样的习惯。我已经说过，以这种方式思考那些不属于你的哲学思想，是在对那些思想进行历史性的思考。而我在六七岁的时候就已经懂得，处理历史性问题，比如说分析特拉法尔加海战的战略部署，唯一的办法就是弄清楚与事件有关的各种角色的意图。我之所以提到特拉法尔加海战，是因为海战史是我幼时最热衷的课目，而特拉法尔加海战又是我常常模拟玩赏的战役。了解历史并不意味着记住那些顺序排列的历史事件，它要求你钻进事件相关者的脑子，用他们的眼睛去察看他们的处境，在此基础上你再思考他们应对环境的方法是否正确。你只能像一个生活在舷侧配置着短射程前装炮的帆船上的人那样去看待特拉法尔加的战役，否则你就尚未入门，对海战史一无所知。如果在思考特拉法尔加海战的战略部署时，你设想参战的战舰是配置有长射程后装炮的蒸汽船，那么，你在这样设想的时候就已完全滑出了历史的范围。

就历史这个词的本义而言，哲学在实在论的学说中是没有历史的（这正是普里查德对我如此气恼的原因）。实在论者认为，哲学面对的问题没有变化，柏拉图、亚里士多德、伊壁鸠鲁学派、斯多葛学派、经院哲学家以及笛卡尔主义者等探询的问题是同样的,只不过给予了不同的回答。例如他们认为,现代伦理学讨论的问题与柏拉图在《理想国》里和亚里士多德在《尼各马可伦理学》里讨论的问题是一样的,因此,研究者的任务只是要弄明白,亚里士多德和康德关于责任的不同见解究竟何者是正确的。

就历史这个词的另一种含义而言,实在论者承认哲学有自己的历史。对于那些永恒的哲学问题,不同的哲学家有着不同的回答,毫无疑问,这些回答出自不同的时间并具有一定的顺序。哲学的"历史"就是通过研究来确定:对于这些问题的各种回答是什么?它们的次序和时间是什么?在这个意义上,"亚里士多德关于责任的思想是什么?"就是一个"历史的"问题,而"这一思想是真理吗?"则是一个哲学的问题,这两个问题是完全分开的。因此,哲学的"历史"根本不问(举例说)柏拉图的理念论是真理还是谬误,它只关心柏拉图的理念论是什么的问题。

坚持在哲学的修养方面对学生进行良好的训练,至少使他们对古典哲学文献有一定了解并具有阐释它们的能力,这是牛津的传统。在实在论占据统治地位的时期,这一传统有幸保存下来并实际上成了牛津的哲学训练中最有价值的部分,然而它年复一年地弱化了。历任的人文学科学士学位评定人总是在抱怨，以希腊哲学为论题的论文水平在不断下降。20世纪20年代中期，我在审定学位申请人的论文时发现，他们中很少有人对自己论述的思想有直接的了解，而只是掌握了关于这些思想的授课笔记和讲授人对这些思想的评论。对哲学史日益漠视的倾向得到了实在主义者的公开鼓励，正是他们的某位颇受尊重的领导者竭力主张，要在哲学、政治学和经济学等科目的学位考试中取消哲学史的考题，他的理由是，哲学史是一个没有哲学意味的课题。

战争期间，我在沉思艾伯特纪念堂的建筑意图时让自己重新考虑了实在论者对待哲学史的态度。我问自己，即使就"永恒"一词最宽泛的含义而言，"哲学面对的问题是永恒的"这种观点正确吗？"不同的哲学思想只是在试图回答同样的问题"这种看法正确吗？我很快发现，上述观点是不正确的，它们不过是粗劣的错误，是对历史缺乏辨别能力的结果，而这样就会被表面的相似所欺蒙，因而不能发现深层的差异。

我首先是在政治学的领域里明白了这一点。以柏拉图的《理想国》和霍布斯的《利维坦》[1]为例，二者讨论的都是政治学。

---

〔1〕利维坦是古代神话中的巨灵，霍布斯以之称呼近代国家。——译者注

然而很明显，他们提出的政治理论是不同的。但他们只是就同样的论述对象而提出了不同的理论吗？你能说《理想国》对"国家的本质"做了一种解释，而《利维坦》则做了另一种解释吗？不能！因为柏拉图的"国家"是希腊的城邦，而霍布斯的国家是17世纪的专制国家。对此，实在论者的回答颇为轻巧：不错，柏拉图的国家不同于霍布斯的国家，但它们都是国家，因此，他们的理论都是关于国家的理论。如果它们不是就同样的论述对象而提出的不同理论，把它们都称为政治理论究竟是什么意思呢？

显然，对我来说这种观点不过是某种唬人的逻辑假象，如果你深入问题的实质，考察"国家"在柏拉图和霍布斯的构想中分别具有的准确含义而不再进行强词夺理的狡辩，你就会发现，他们理解的"国家"不仅有表面的差异，而且从根本上就是不同的。你也可以固执地认为它们是同一个东西，但如果你这样做了，你就必须承认，你谈论的对象在此过程中已经有了十分巨大的变化。"国家的本质"在柏拉图的时代与在霍布斯的时代是很不相同的，这里的差异是指国家的观念属性而不是国家的经验属性。那些最优秀、最睿智的政治学研究者们所努力追求的东西已经有了改变。柏拉图的《理想国》试图为一种东西构建一套理论；而霍布斯的《利维坦》则试图为另一种东西构建另一套理论。

不错,柏拉图的国家观念与霍布斯的国家观念之间存在着某种连贯性,但它不是实在论者所想象的那种连贯。任何人都会承认,柏拉图的《理想国》和霍布斯的《利维坦》论述的是两个对象,这两个对象在某种意义上是相同的,而在另一种意义上则是不同的,这一点并无争议。有争议的是,所谓相同是什么性质的相同,而所谓相异又是什么性质的相异?实在论者认为,柏拉图的国家观念和霍布斯的国家观念同属于一个"一般观念",但它们作为这个一般观念的具体实例是不同的。然而实际情况并非如此。我认为,二者的相同在于它们处于同一个历史的过程之中,二者的相异则在于,在这一过程中,柏拉图的国家观念发生了变化,而霍布斯的国家观念则由柏拉图的国家观念演变而来。正是通过这种有迹可循的历史发展,柏拉图的城邦与霍布斯的专制国家衔接起来了,并在历史发展的过程中由一种形式演变成了另一种形式。漠视这一过程的人将否认二者的差异,而认为,在柏拉图的政治理论与霍布斯的政治理论不一致时,它们之中必定有一说是错误的。这样就误解了事实。

循此路线进行探索,我很快认识到,政治学说史记载的并不是对同一个问题的不同回答,而是一个不断变化着的问题,随着问题的变化，对问题的解答也发生了相应的变化。"城邦的形式"并不像柏拉图认为的那样是智慧者唯一可能接受的理想社会的模式，也不高悬于天、临照万物，不是被任何时代和任何国家的优秀政治家当作憧憬目标的永恒存在，它只是柏拉图时代的希腊人所构想的理想社会模式。到了霍布斯的时代，人们对社会结构的可能形式和理想形式已经有了不同的理解，与古希腊人的理想大相径庭。因此，对这些不同理想予以合理表述的政治哲学家所面临的任务是不同的。如果谁想要恰当地完成自己的任务，他就必须采取与古希腊人不同的方式。

　　理解的线索一旦抓住，广泛应用就是一件轻而易举的事了。不难看出，将希腊语中的"πόλις"（城邦）译为"国家"这一现代字眼是不恰当的，除非附注提醒我们注意城邦和国家在许多基本方面存在着差异，并说明这些差异究竟是什么。伦理学领域也有同样的问题，如果"应当"（ought）一词的含义是指"道义上的责任"，那么，将希腊语单词"δεῖ"（应该）译为"应当"同样是不合适的。是否有某个希腊语单词或短语能够表示出"应当"这一概念的蕴意呢？实在论者的回答是肯定的，但是他们又傻乎乎地补充说，古希腊思想家所阐述的"道义责任的思想"不同于现代理论，例如不同于康德对同样问题的阐述。他们何以知道古希腊人和康德谈论的是同样的问题呢？实在论者回答说:"嗯,因为'δεῖ'——其他词也一样——在希腊语中的含义就是'应当'呀。"

真像一场噩梦,梦中有个人把"τριήρης"(三列桨船)称为古希腊人的轮船(steamer),而且当你告诉他,古希腊作家描绘的"三列桨船"无论如何也不像现代的轮船,他会扬扬得意地回答说:"这正是我想要说的。那些古希腊哲学家(或者说'那些现代哲学家',这取决于他在古今哲学家之间由来已久的矛盾中究竟站在哪一方)真是糊涂透了,他们关于现代轮船的论述完全是错误的。"如果你努力向他解释说,"三列桨船"根本不是什么轮船而是一种与轮船不同的东西,他会反问道:"那么它是什么呢?"然后,他会很快向你证明你不懂得这方面的知识;而你既不能画出一艘三列桨船,又不能制作一个模型,甚至不能准确地描述它的航行原理。批驳了你的观点后,他终其一生都会把"τριήρης"解释为"轮船"。

如果他不这样自作聪明,就能够知道,你是通过对证据的仔细检查和审慎思考才获得了结论,尽管证据并不那么充分,三列桨船的模样还是清楚的;以同样的方式处理证据,你也能够得到结论,确认"δεῖ"等语词的含义。然而在这两种情况下,你都必须以历史的观点而不是以牛津园里那些烦琐的哲学家的观点来处理材料,你确信,无论我们探询的那个希腊单词具有何种含义,它都不需要(也确实不可能)表达一个英语单词或任何一个英语单词所要表达的意思。

如同关于社会结构的理想一样,关于个人行为的理想也不具有永久的性质。不仅如此,它们之所以被称为理想的原因也同样在不断变化。实在论者知道,不同的人或生活在不同时代的同一类人,对于一个人该有怎样的正当行为的问题持有截然不同的观点,也有充分的理由保持他们各自的观点。然而实在论者却又认为,"正当行为"这一短语具有某种一贯的含义,这种含义不会变化,具有永久的性质。这就错了。古希腊时代以来的欧洲道德哲学的文献材料可以证实这一点。实在论者手里捧着的和书架上搁置的都是这些著作,他们本来可以从中明白这个道理,但却系统性地误译了这些文本,使自己堕入了谬误。

对于一个从小就醉心于科学史的人来说,在形而上学的领域里进行这样的分析要容易得多。我敢说,当爱因斯坦促使哲学家们谈论相对论的时候,哲学家们关于问题或概念具有永久性的信念就丧失了基础;这一信念就如同一个姑娘相信某年流行的有边帽是每一个头脑健全的妇女能够选择的唯一式样一样没有根据。人们听到哲学家们坚称,物质、运动等理论具有无须证明或不证自明的特性,但是在三四百年以前,当那些最富有冒险精神的思想家们第一次提出这些理论时,却冒着丧失自由甚至丧失生命的危险。经过18世纪漫长而热情的鼓吹和宣传之后,这些理论才成了每一个受过教育的欧洲人的基本信念。

我日益清楚地认识到,形而上学(metaphysics,尽管人们仍然把它理解为超物理学 [paraphysics],我却只在这个词本身的意义上使用它)就其对超越经验界限的东西的认识而言,绝不是一种无效的努力,而是一种在任何特定时代都存在的基本尝试,它试图揭示该时代人们对世界之一般性质的信念。这些信念构成了那一时代的全部"物理学"的前提设定,而物理学则是人们对这个世界的细节的具体探索。其次,形而上学试图发现其他时代及当时人的相应设定,以追循历史发展的轨迹,各时代的设定正是在历史发展的过程中由一种形态转化为另一种形态的。

潜藏在某一时代某一群体的"物理学"或自然科学之下的前提预设是什么,正如他们穿戴什么一样,只是一个历史性的问题。这是形而上学家需要回答的问题。而进一步探问不同群体所持或曾经所持之信念何者为真,就不是形而上学家的事了。这种问题一旦提出,人们就会发现,正如人们早已发现的那样,它是不可回答的。如果说我的"问答逻辑"还有几分可取，那只是因为信念——形而上学家要研究的是它的历史——并不回答问题，而只是预设问题。因此，没有必要在其中分辨真假，需要辨别的只是它预设了什么或者没有预设什么。对某个问题的预设有可能是对另一个问题的回答，但是，形而上学家试图研究和整理的那些信念只是预设了自然科学家所探究的问题，而不是对任何问题的回答。就此而言，这些信念可以表述为"绝对的"预设。

但是，任何一位称职的形而上学家提出或驳斥、证实或否定的那些表述，其本身无疑有真假，因为这些表述都是对那些前提预设的历史问题的回答。这就是我对那个相当陈腐俗套的问题——"形而上学如何能成为一门科学？"——的回答。倘若科学是指自然科学，我想最好别去回答这个问题。倘若科学是指有组织的知识，那么回答就是：形而上学作为它一直所是的那样就可以称作科学。也就是说，坦率地把形而上学看成是一种历史性的研究而给予它恰当的地位：一方面，生活在特定时代中的某一群人关于世界本质的信念，应当被展示为那一时代事实的独特复合物，例如，以英国宪法如今所是那样展示它；另一方面，这些信念的起源应当被探讨，人们将发现，这些信念在某一特定的时空中就存在了，并且是通过某些其他信念的特定转化而存在的。

我逐渐发现，哲学问题以及对哲学问题的解答都有自己的历史，这一原则对每一个发展成形的哲学分支均适用。"永久性问题"这一概念于是荡然无存，除非我们把任何历史事实都称为永恒的，原因只在于它们不会重复发生。如果是这样，任何问题都可以被视为是永恒的，因为它们的提出和解决也都是一次性的。[1]我发现（这样的发现需要对思想的历史进行大量艰苦细致的研究），引起现代哲学争论的大多数概念，诸如以"国家""责任""物质""原因"等字眼标示的概念，是在过去某个距今不太久远并可以确知的年代才进入人类思想的视野的，其他时代围绕另一些概念而展开的哲学争论与我们时代的争论虽然不能说没有联系，但若非对历史的真实全然无知，区分二者并不困难。

实在论者假定哲学问题具有永恒性，但是在我进行检查的每一个地方，我发现这样的哲学史概念都是错的，于是，我把注意力转向了这一概念的另一侧面，即，实在论者对"某人关

---

[1] 如果在不太精确的一般意义上使用"永恒"一词，把它当作"持续一个相当长的时期"的同义语，那么，"永恒的问题"这一词组就可以用来概指一个在历史的演变过程中彼此联结的问题系列。这样，甚至一双未经训练的眼睛也能看出问题的连续性，他也因此误解了"永恒"一词。但是，问题之间的差异却不是那么容易分辨的了。

于某个问题的思想是什么"这种"历史的"问题与"他的这一思想正确吗"这种"哲学的"问题所作的区分。

这种区分将被证明是荒谬的。不用我说，读者自己也很容易看出，它如何在我的质询中不攻自破。我的问题是："这种所谓的哲学理论如何才能成立"，答案则是：只能以我称之为"实在论式"批评的诡辩方法它才能够成立。我想指出的是，在历史问题与哲学问题之间断然划界必定陷入谬误，因为这种划界预设了哲学问题的永恒性。如果有一个永恒的问题 P，我们可能要问："康德、莱布尼兹和贝克莱是怎样思考问题 P 的呢？"假如这个问题能够回答，我们就可以继续发问："康德、莱布尼兹和贝克莱对问题 P 的思考何者是正确的？"但是，那个设想中的永恒问题 P 实际上只是一连串不断转换的问题 P1、P2、P3……，不具有历史眼光的人抹杀了它们各自的特点并把它们总汇在 P 的名目之下。其实，我们不可能从一个容纳万物的彩袋里摸出问题 P，高擎在手并大声发问："某某人关于问题 P 的思想是什么？"我们只有像可怜的历史学家那样从另一端开始我们的考察，不得不研读历史文献并解释它们。我们只能说："这是莱布尼兹的一段话，它说的是什么？它要处理的问题是什么？"或许我们把它标号为问题 P14。接下来的问题便是："莱布尼兹在这段话中对问题 P14 的处理是正确的还是错误的？"对这个问题的回答并不像实在论者想象的那样简单。如果莱布尼兹在著述这一段落时头脑一片混乱,以至于在解答自己的问题时完全不知所云,那么,他那时的思路必定混乱不清,因而没有谁能够明白清晰地看出他的问题是什么。这个段落既表明了他对问题的解答,也是说明问题是什么的凭据。我们能够了解莱布尼兹的问题这一事实说明莱布尼兹已经解决了他的问题,因为我们只能从他对问题的解决这一端往回追寻,由此去探明他的问题是什么。

假若有人想要否认我的理论,我并不打算说服他。学会了历史地看待问题的人早已明白我讲的道理,而不懂得历史地看待问题的人又无从明白我的话。我们怎样才能发现纳尔逊[1]在特拉法尔加战役中的战略考虑呢?唯一的办法是研究他在这次战役中采用的各项战术。我们是从问题的解决往回探究,除此之外别无他途。即使我们找到了纳尔逊在开战前几小时通过无线电用密码向各舰舰长发布命令的原稿,也不能证明他没有在最后一刻改变主意,战前局势的某些新因素或许使他临时制定

---

[1] 纳尔逊(Horatio Nelson,1758—1805),英国海军统帅。1805年,他率领英国海军在特拉法尔加海战中大败法国和西班牙联合舰队,其本人阵亡。——译者注

了一个新的作战方案，而他也相信他的舰长们会理解和支持他所做的改变。研究海军史的历史学家们认为有必要探明纳尔逊在特拉法尔加战役中的作战方案，因为他赢得了这场战斗。维尔纳夫[1]的作战计划不值得探究，因为他没能成功地将它付诸实施，所以，他的计划是什么甚至无人知晓。我们只有猜测它的内容，然而猜测并不是历史。

某位哲学教师把一本哲学著作交给他的学生，让他们留意书中的某个段落，他可能对学生说："这个段落比较混乱，我们可以看出著者正在思考这样那样的某个问题，因此我们有充分的理由猜测，他的问题多少有点像某某人在某某书中讨论过的那个问题。但是，由于著者的研究含混不清，因而没有人能够准确地指明是什么在困扰这个可怜的人。"这位教师可能这样说，但如果他这样说了，他的学生从此以后就不会对他有什么好印象，他无权用这种类型的书来浪费他们的时间。

或许，他可能指着另一个段落对学生说："此书的著者既非无知也不愚蠢，正因为如此我要求你们研读他的著作，他在这里以我们能够理解的方式阐述了一个值得阐述的思想，初看起

---

[1] 维尔纳夫（Pierre-Charles-Jean-Baptiste-Silvestre de Villeneuve，1763—1806），法国海军上将，在特拉法尔加海战中指挥法国舰队。——译者注

来你也许不太明白他在说什么,但只要你认真琢磨一下这个段落,你就能看出他在努力回答一个问题,这个问题是他煞费苦心在脑海中精确地构建起来的。你正在阅读的这个段落是他对此问题的回答。请告诉我他的问题是什么。"

但是,这位教师不能同时以上述两种方式来理解一个段落。他不能说:"著者在这里试图回答下述问题……,这是古往今来的哲学家或迟或早都要向自己提出的问题。对这一问题的正确回答,诸如柏拉图、康德、维特根斯坦的回答,是……,而著者在这一段落里给出的是一个错误的回答,对他错误观点的批驳,请看下列分析。"这位教师声称自己知道著者正在回答什么问题,这不过是一种欺骗,只要向他索要证据,谎言也就揭穿了。哲学史注重的是事实,而这位教师的断言却没有事实的根据,他只是在炫耀这个段落使他依稀想起的某个哲学问题。

在我看来,在理解一个哲学家的某一特定论述时,不存在"历史的"和"哲学的"这样两种互不相关的问题系列。问题只有一种,这就是历史的问题。在我看来,研究柏拉图与研究修昔底德没有什么不同,研究希腊时代的哲学与研究希腊时代的战争同样是研究历史。然而,这样说并不意味着不能探讨"柏拉图对诸如此类某个问题的思考是否正确"这样的问题,同样,如果认为"福尔米翁[1]对科林斯湾的封锁是否合理"这样的问题必须抛弃,因为它越出了海战史的范围,海战史只关心福尔米翁实际做了些什么,这样的历史观念是否太荒唐了呢?它竟以为只有福尔米翁对科林斯湾的围困才能算作历史,而通过围困以击败科林斯人的目的则算不得历史。这里,我们是否已被喋喋不休地唠叨"历史的真实面目是什么"的兰克[2]的幽灵纠缠住了呢?兰克的问题是否令我们如此惶惑,乃至竟忘记了福尔米翁为舰队部署的战略调动以及他取得的胜利都是实际发生过的事情,或者说,是在历史的进程完全淹没它们之前确实发生过的事情?

这些思想的某些部分我在返回牛津之前就已做了论述,其余部分在那以后也很快变得清晰起来。向我的同事们讲述这些思想毫无益处,因为实在论者的批判技术确实无懈可击,他们对这套技术的操作亦十分得心应手,他们会立即对这些思想大加诋毁的。但我并没有因此放弃我的思想,因为我已经分析过实在论者的批评原则,并已知道,那些受到实在论者的绝妙批评的思想并不具有(也不需要有)实在论者所攻击的面貌,被

---

[1] 福尔米翁(Phormio,?—约公元前428),雅典海军统帅。——译者注

[2] 兰克(Leopold von Ranke,1795—1886),德国19世纪伟大的历史学家,著述颇丰,著有《普鲁士史》《法国史》等。他试图以一种历史观点解释各个时代的冲突,想要证明法国革命不可能也不应该在德意志重演。——译者注

批评的不过是批评者自己对那些思想的曲解。然而实在论者并不能区别曲解与真实，因为曲解就是他们透过自己的变形眼镜所看到的真实。如果我向实在论的倡导者陈述我的那些思想，他们肯定会说（这样的话我已经听他们讲过无数次了），"你的意思不是这个，你真正要说的意思是……"，接下来，他们会依据实在主义的原则将我的思想漫画化，拳脚相加，口诛笔伐，这一切干得如此漂亮，我禁不住要为之喝彩了。

毕竟，我的工作是指导学生而不是与同事们争辩。根据牛津古老的传统——这一传统比牛津大学本身还要古老——教授哲学的方式是阅读、阐释、注解哲学典籍。因为传统是活的，哲学典籍就不仅仅是那些古代哲学家们的作品了。经典的书目从来没有印行，也无权威规定，它们总在变化，尽管变得不快，这是理所当然的，因为任何一本书在成为经典之前，都不适宜以这种特殊的方式阅读、阐释、注解。大师们往日的工作或许改变了经典的主题，即便如此，要学生们明白主题如何被改换的最佳方法仍是讲解古代典籍，并在你的评注中说明古代哲学家的学说如何在不断阐释中被改变了。

这正是适宜于我的领地。我的性格使我更倾向于落实细节而不是泛泛而论，一个原理如果不能以各种各样的特殊形式展示自身，如果这种种形式没有大量的例证，那么，这一原理在我的心目中便没有意义。无论是对同事还是对公众，我都没有真正产生过向他们阐述我在这本书里所表达的哲学思想的强烈愿望。虽然我曾经努力地阐述它们，但是，当《真理与矛盾》书稿遭到出版商的拒绝后，当我对实在论原则的攻击受到同事们的漠视后，我感到有必要转向与我的兴趣相吻合的工作，即，应用我的理论，给它们以经验的验证。这一工作我现在仍然在做，每天总有那么几小时，我引导我的学生遵循一定的规则研读哲学典籍。

上一章提到我向学生们反复强调的一条规则："不要听信任何人所作的批评，除非你相信它正中要害。"现在，在艾伯特纪念堂前的沉思启示我获得了第二条规则，即"重建问题"，或者说，"不要以为自己理解了哲学家的陈述，除非你以最大可能的精确性确定了他意欲回答的问题"。

在此之前，这些规则还没有如此细致地被系统阐述，但绵绵不断的实践为它们提供了例证。从返回牛津到成为一名教授，我作为彭布罗克学院一名教员的全部教书生涯都致力于教授学生如何阅读哲学典籍。这确实使学生感兴趣。当导师对学生说"让我们先来看看你是否真正了解了那位哲学家说了些什么，对他试图回答的问题是否有了清楚的认识"，那些因这种理论受到各种现成的批评而退却的学生就会振奋起来，于是，他们取出了书，开始阅读并进行解释，时间就这样不知不觉地滑了过去。这种做法对我来说同样有益。一次又一次，我重新退回到某个自认为久已熟知的段落，它已由许多饱学之士阐释过了，并多少获得了他们的赞同。重新研读时我发现，旧有的解释在消解，另一些大相异趣的意义渐渐呈现出来。因此，在我那些实在论者朋友们眼里毫无哲学意味的哲学史成了一个永不枯竭的源泉，我在那里找到了严格意义上的哲学，满足了兴趣和爱好。对于学生，我冒昧地希望，这不会是毫无裨益或枯燥乏味的事吧。

毋庸赘言，哲学史不再是一个"封闭的"领域，它不再是那些博学多识的人才能够了然或长篇巨著才能够尽载的事实总体，它是一个"开放的"领域，一个汩汩涌流的问题之泉，老问题旧话重提，此前尚未明确提出的新问题也在这里渐臻成形。更重要的是，哲学史是一场反对教条的持久战斗。教条是僵化的历史观念，它通常表现为独断，因而极其有害，在教科书中这种情况时有所见。因此，如同其他门类的历史一样，哲学史也是历史，而历史并不意味着熟读默诵、死记硬背。

反对我所谓的"开放"史学的人会说它让人见树不见林。我的回答是："谁想见林？"树是可以注视的东西，林却不是，因为我们就生活在树林之中。

第八章 历史哲学的建立

我一生的工作,就我现在已经50岁而言,主要是致力于哲学与史学的融通(rapprochement)。上一章已经描述了这种融通的一个方面,即,我要求哲学家在思考自己学科的历史时应当清楚地认识到,他们所思考的东西是历史,应当了解史学思想的当代水平并使自己的思考不至于低于这种水平。然而从一开始我就知道,我所要求的远不止这些,因为我在要求构建一种历史哲学。

这首先要求哲学研究开辟一个专门的分支来处理史学研究所提出的特殊问题。这些问题可以分为两大类:一种是认识论问题,可以归结为"历史知识如何成为可能"的问题;另一种形而上学问题则涉及历史学家的研究题材的性质,即对事件、过程、进步、文明等诸如此类概念的阐释。但是,对哲学新分支的要求将很快发展为对一种新哲学的要求。对照17世纪成长起来的新哲学,我或许能够说明我的意思。

进入17世纪后不久，西欧一些睿智之士形成了一种几乎成为定见的看法——此前100年或更长一段时期以来，不时有那么几个为数不多的人持有这种看法——自早期希腊哲学以来就存在的那些问题是总汇在"物理学"的名称之下的；现在，问题能够以另外的方式重新提出并能够以实验和数学作为工具来给予解答。那些思想家说，被称为自然的那个东西自此以后不再对人藏有秘密了，有的只是谜语，而人已经学会了解谜的技巧。或者更准确地说，自然已不再是对人说谜语的"斯芬克司"，现在提问的是人了，而自然则被推入刑室备受拷问，直到它对询问者的问题给予回答。

这是人类历史上的一个重大事件，足以据此把那一时期的哲学家分为不同的两类：一类人对这一事件的重大意义有所认识，而另一类人则浑然不觉。今天，哲学系学生普遍熟知的名字都是前一类人的，后一类人的数量远超前者，却都默默地长眠地下，无人知晓，无人悼念，尽管他们当中不乏优秀、博学和敏锐的人。后一类人之所以被淡忘，原因不在于找不到赞美他们的诗人（极少有哲学家会赞美他们），而在于他们错解了时代的信息，即他们没有认识到，17世纪哲学的主要任务在于清理17世纪的自然科学，在于解决新科学提出的新问题，在于以新形式设想他们曾经假设并将继续假设的老问题，让它们在新科学的背景下呈现出新的面貌。

20世纪哲学的主要任务是清理20世纪的史学。直到19世纪末20世纪初,史学始终处于类似前伽利略时代自然科学所处的那种状态。[1]在伽利略时代,自然科学经历了一场革命(只有极为无知或极为博学的人才会对它的性质给予简略的说明),它猛然并极大地加快了自然科学的发展进程,拓展了它的视域。19世纪末,史学也经历着一场同样的革命,这场革命在逐渐发展,也许不是那么轰轰烈烈,但它在进行这一点却是毋庸置疑的。

在那之前,无论历史的撰著者如何对史料进行删节、添补,从中引出道德的教训或发表一些评头品足的议论,他终究是一个操弄剪刀和糨糊拼贴史料的人。说到底,他的工作只是去了解"权威人士"对他所感兴趣的课题说了些什么。他将自己束缚在"权威人士"的意见上,无论绳索有多长,无论跑马场如何繁花似锦,他也只能在场上兜圈子。如果兴趣把他引向

---

[1] 1895年,阿克顿勋爵(Lord Acton,1834—1902,英国历史学家)在他的剑桥大学就职讲演中明确指出,历史研究在19世纪上半叶进入了一个新的时期。也许可以这样说,史学自1800年以来经历了一场哥白尼式的革命。回顾以往我们可以看到,这场革命已经完成,它比以哥白尼的名字所标志的那场革命还要伟大。

了一个不存在权威的领域，那么，他就好像跨入了一片不毛之地，那里只有无知的沙砾或幻想的海市蜃楼。

我当然不会自诩在第一次观看考古发掘时（那是我父亲的一个发掘点，发掘的是罗马时代一个叫作哈德诺特的城堡的北塔。那时我出生才3周，父母用一个木匠的工具袋背着我），就能够看到某种非凡事物的可能性。但我是在热衷考古的气氛下长大的，我父亲曾是一个不太成功的职业画家，后来他日益迷上了考古并在这方面表现出超群的才华。于是，学校放假时我便学着从蛇形丘和地表岩层中辨认古代聚落和耕地的遗址；受父亲委托在尚未勘查过的地方搜索史前遗存，有所发现便大致勘定；在长达半年的时间里充任父亲的助手，协助他发掘一个罗马－不列颠时代的村庄。

诸如此类的经验使我认识到，史学方法的基础并非只是剪贴史料。我认为，史学所需要的，是充分地扩展考古学研究的方法，使之得到充分的科学发展。这将使我们学到许多东西，即使不是全部东西；将使我们发现许多课题，而那些信仰权威人士的历史学家永远也不会看到这些课题的存在。同样的做法还可以用来纠正权威人士本身，因为他们也有误解和不确的地方。在这两种情况下，历史学家必须依赖权威人士的意见这样一种迷信就被破除了。

从布歇·德·佩尔特[1]发掘砾石坑以来，上述思想就已见诸书籍；远在我提到这些思想之前，公众就已从报纸上熟悉了它们。不过我发现，从书本上学东西绝非易事，更不用说报纸了。当我阅读朋友们在《泰晤士报》的中间版上发表的考古发掘报告时，当一本图文并茂的手册向我解说如何保养某种型号的汽车时，我的脑子似乎僵滞了。但是，如果让我在发掘坑待上半小时，由一个学生向我介绍某种东西是什么，或者给我一包工具，让我独自摆弄一辆汽车，情况就好多了。因此，关于历史的观念无论怎么初级和平常，毕竟是我切实获得的。切身的经验使我懂得，史学并不是操弄剪刀和糨糊，而更像培根的"科学"概念。历史学家必须明确自己想要知道的东西是什么；如果没有权威人士向他指点迷津——事实上(到时候他总会明白)也没有谁能告诉他什么，他就必须自己找到那片藏有答案的土地，想尽一切办法把答案挖掘出来。

返回牛津时我的历史哲学就大致具有这样的面貌。史学方法上的革命已经引起了我的注意，当时它在牛津蓬勃发展而不是悄无声息地向前挪动。20世纪早些时候，阿瑟·埃

---

[1] 布歇·德·佩尔特（Boucher de Perthes，1788—1868），法国考古学家，因首次为史前人类的存在提供证据而被誉为"史前考古学之父"。——译者注

文斯[1]爵士通过发掘和重建青铜时代克诺索斯[2]的漫长历史,已为新方法的应用树立了光辉的榜样;而牛津当局对此的反应是,打算从希腊历史中把第一次奥林匹克运动会之前的所有内容全部删掉(在教学和考试中删除)。其次,考古学开始从时间轴线的另一端进入古代历史。蒙森[3]展现了研究罗马帝国时代的历史学家如何通过对碑铭进行统计和其他一些方式的处理回答我们今天做梦也想不到的问题。德拉根多夫[4]从造型上对"萨摩斯人的"陶器进行了分类,他还同其他人一道着手考订它们的年代。近期确定的一个激动人心的事实是,通过考古发掘可以重建任何权威人士都没有提及的罗马遗址的历史,可以重现任何书籍都未曾记载的罗马时代的历史事件。哈弗菲尔德[5]

---

〔1〕阿瑟·埃文斯(Sir Arthur Evans,1851—1941),英国考古学家,于1900年开始发掘克里特岛上的克诺索斯城。——译者注

〔2〕克诺索斯(Knossos),克里特岛北部古城,希腊神话中米诺斯国王的都城,米诺斯文明的中心。——译者注

〔3〕蒙森(Theodor Mommsen,1817—1903),德国古典学家、历史学家,在罗马史研究方面著述颇丰。——译者注

〔4〕德拉根多夫(Hans Dragendorff,1870—1941),德国学者,于1896年首次提出古罗马陶器即萨摩斯陶器(Samian ware 或 Terra sigillata)的分类系统,并使用了类型编号。——译者注

〔5〕哈弗菲尔德(Francis John Haverfield,1860—1919),英国古典学家、历史学家。——译者注

涉猎了罗马考古的每一个角落，他对碑铭的了解以及处理碑铭的技巧只有蒙森本人可以媲美。多亏了他，上述这些观念才在牛津牢牢地扎下根并正在彻底改变对罗马帝国史的研究。

在具有探索精神的青年人眼里，罗马史研究与仍然完全依靠剪刀和糨糊的希腊史研究无疑形成了鲜明的对比。希腊考古不也在进行吗？不是有珀西·加德纳[1]这样的专家吗？然而在这里，考古的成果仅用于装饰权威人士讲述的故事，只有几个像霍格思[2]那样勇敢的人提示说，考古成果可以用来填补这里那里的一些空白。然而根据一般的看法，希腊史研究的最新事件是发现了亚里士多德的《雅典政制》；对此，学生们应该做的事被设想为只是比较修昔底德和亚里士多德对雅典革命的不同解释，逐字逐句地判定谁的解释看起来更合理。当时，希腊史最好的讲师是沃克[3]，他对待考古学的种种煞费苦心、精心推敲的做法只有蒲柏描绘过，但很少有人能充分理解他讲的是什

---

[1] 珀西·加德纳（Percy Gardner，1846—1937），英国考古学家，以对古希腊钱币的研究著称。——译者注

[2] 霍格思（David George Hogarth，1862—1927），英国考古学家，对赫梯文明和克里特文明考古有很大贡献。——译者注

[3] 沃克（Edward Mewburn Walker，1857—1941），英国古典学家、牛津大学教师，著有《希腊史》。——译者注

么，如果他成了阿提库斯[1]，也不会有多少人为之流泪惋惜。

希腊史的研究就这样落在了新方法的潮流后边。众所周知，牛津最有才华的年轻人在投身古代史研究的时候，几乎毫无例外地选择了罗马帝国史作为专攻方向，而把希腊史留给了那些使用剪刀和糨糊的剪贴匠，这种情况持续了许多年，直到艾伦·布莱克韦[2]主宰了希腊史研究领域，情况才有所改变，我希望人们能长久地记住这一点。

哈弗菲尔德是一个哲学意识淡薄的历史学家，他对自己正领导着的这场革命的基本理论或潜在可能性毫不在意，甚至没有意识到这场革命正在进行。他曾经对我抱怨说，考官们在为人文学科学士学位的考试出题时故意忽略了他的课程，又说他的同事们通常不赞同他对待历史的态度。我认为他不会意识到，他遭遇的忽略是有原因的，反省不同历史学家对待历史的不同态度可能也是一项有价值的工作。

至于哲学家，他们的著述、讲座以及对话没有向我传递任

---

[1] 阿提库斯（Titus Pomponius Atticus，公元前110—前32），罗马骑士，其著述罗马及"世界"纪年表、世家颂等全部散佚。——译者注

[2] 艾伦·布莱克韦（Alan Blakeway，1898—1936），英国考古学家，曾任职于牛津大学基督圣体学院，著有《早期希腊历史和伯罗奔尼撒同盟讲稿》等。——译者注

何信息,表明他们了解正在发生的一切。他们承袭了一个可以追溯到17世纪初的传统,自然科学的种种方法就是根据这一传统而接受了最严格的审查。他们都认为,若不能略知一些(实际上不止一些)"科学的"方法,了解观察和推理在科学中的作用以及归纳法之类的问题,就意味着无知。他们中的任何一位都可以在无须专门准备的情况下开出一系列讲座来大讲"科学的"方法问题。当他们讨论知识论问题时,很显然,他们所说的"知识"一词毫无例外地等于"关于自然界或物理世界的知识"这一短语。

这种忽略历史(亦是知识的一种)的态度在我看来非常奇怪,因为这些人几乎没有谁接受过自然科学的专门训练,反之全都(我指的是牛津的哲学家)获得过人文学科学士学位,也就是说,他们都对古代历史有过相当的研究。然而,在实在论学派这一时期的全部作品中,我只发现过一个段落可以被误认为与历史有关,它是约瑟夫的《逻辑学入门》中的一章,标题是"历史的方法",但是,当打开此书翻到这一章时你就会发现,"历史的方法"谈的根本不是历史,而是自然科学所应用的一种方法。

几乎不谈历史,这一空白实在有损英国哲学的声誉。我曾对我的那些实在论者朋友谈到这一点,他们总是回答说:根本没有什么空白；他们的知识论就是知识论，而不是关于这种知识或那种知识的理论；毫无疑问，它适用于"科学的"知识，同样也适用于历史知识或其他种种爱怎么叫就怎么叫的知识；认为某种知识需要一种特殊的完全属于它的认识理论，这种想法极其愚蠢。我认为他们的观点是错误的。就事实而论，他们称之为知识论的那个东西是根据自然科学的方法论而设计出来的，任何试图在历史领域里"应用"它的人都会发现，如果他们知道历史地思想是怎么一回事，这种应用就是完全不可能的。我能够明了这一点的原因是我知道问题的症结所在。我脑子里装满了关于史学方法的问题，在逐一思考它们的时候我问自己："公认的知识论对于理解这个或那个问题有无帮助？"每一次，答案总是"无"。当然，没有理由指望那些尚未很好地思考过史学方法的人得出与我相同的看法。

以最谦逊的态度来看，史学研究是理性活动的一种形式，尽管在确切性、庄严感和实用性等方面它略逊于自然科学，但哲学若能关注历史，便会得到极大的改进。在牛津的三四十位哲学家中，有一个投身于这样迷雾蒙蒙的领域从事研究也不会造成任何伤害。我认为，值得对史学方法进行一番专门的探究，也许是因为我特别适宜做这项工作。模糊不清的研究题目，例如罗马－不列颠史，对我具有持久的吸引力。它们的晦涩本身就是一种挑战。研究这样的课题需要提出新的方法，也许你因此就会发现，造成晦涩的原因就在于迄今应用的方法本身有缺陷。一旦清除了方法上存在的缺陷，便有可能就另一些熟悉的题目重新修订那些被普遍接受的观点，纠正这些观点中可能存在的谬误。

在这个意义上，知识的过程不是"从已知到未知"，而是从"不知"到"知之"。模糊不清的问题迫使我们进行更加艰苦和更加有系统的思考，这样就砥砺了我们的才智，使我们能够拨开偏见和迷信的浓雾——我们的头脑在思考那些熟悉的东西时经常陷入这种浓雾的包围之中。史学方法完全被忽略，至少在英国丝毫不受重视，这一事实促使我这样期望：投入自己的全部精力，或许我能发现知识理论中被实在论者隐蔽的真理，他们的知识观念显然是辗转来自自然科学的方法论。

例如，现行的"科学方法"理论无不赞同让"科学的"知识依赖于历史的知识，然而提出这些理论的方式却暗示出，作者不希望读者注意它。当有人说科学知识依赖于实验时，他的意思绝不是说，某一科学理论在某位科学家脑子里出现的同时伴有这一理论赖以产生的某一实验，或者各种实验。他的意思是说，科学家在构建自己的理论时利用了他掌握的某些历史知识，即前人做过哪些实验，得到了什么结果。这里，一个平凡却未曾揭示的道理是,"科学的"知识无不含有历史的因素。我认为,哲学家在提供一种"科学方法"的理论时如果不同时提供一种史学方法的理论,就是在欺骗他的读者,这就如同把他的世界置放在一头大象的背上,却希望他们不再追问支撑大象的东西是什么。这里的问题不在于把史学方法的理论添加在现成的"科学"方法的理论之上,而是要注意"科学知识"中的一个因素,即被人们忽略了的历史因素,从而纠正现行的"科学"方法诸理论中存在的缺点。

我要说的还不止这些。近三四十年以来,历史观念的发展已达到这样的程度,它的进展速度和视域的扩大足以与自然科学在 17 世纪初所达到的水平媲美。历史观念之重要性的不断上升已成为 19 世纪的一个显著特征,我几乎可以预言,在 20 世纪,这种重要性的上升速度还会大大加快;我们很可能处于这样一个时代的入口处,史学在其中所起的作用就像自然科学在 17—19 世纪所起的作用一样重要。如果是这样(我思考得越多就越感到是这样),聪明的哲学家就应该竭尽全力关注史学的问题,不惜任何代价为奠定未来的基础而贡献自己的力量。

第九章 未来的基础

为此项任务贡献余生并不是我精心选择的结果，但是大约在1919年，我感到除此之外别无选择。当时有个特殊的原因（它并不像人们想象的那样只具有暂时的意义）足以说明，一个感到自己有能力做这项工作的人何以愿意致力于此。我承认，这个原因对我具有重要的意义。

那时战争刚刚结束。生活被战争摧毁了，财富被战争毁灭了，建立一个和平的秩序井然的国际社会的愿望被击得粉碎，先前所有的价值标准都丧失殆尽。更为糟糕的是，残酷的战争似乎以它的炸药逐渐削弱了所有参战者的道德力量。因此（在战争的后期，我曾参加过筹备和谈的准备工作，我就是以这个身份来谈这一问题的），一场空前残酷的战争是以一纸空前愚蠢的和约来宣告结束的。政治家，即便是那些只顾自己的政治家，也被最低劣最愚蠢的热情所支配，这在和约中皆有表现。

诺曼·安杰尔[1]曾经警告我们说，在现代战争中没有胜利者，因为任何人都不可能从中获益。现在，我们从另一个意义上也得出了与安杰尔同样的结论：参战者的道德水准不会因战争而提高；政治家在战争结束时无不变得愚蠢野蛮，只会把战士们赢来的一切机会抛掷殆尽。

战争是自然科学的空前胜利。培根说过，知识就是力量。这力量的作用就是：人的智慧以前所未有的速度迅速摧毁人的躯体和灵魂。这一辉煌胜利还为另一次胜利铺平了道路：交通运输、环境卫生、医疗条件、药品配制、精神病学、商业、工业等方面的改进都为下一次战争做好了准备。

在某种意义上，这场战争是人类理性的空前耻辱。有人认为，战争是德国的军阀分子蓄意发动的，另一些人认为，战争的策划者是英国的商人集团；但几乎没有人设想，参战各方除了极个别的人以外都想要进行这场战争。战争爆发的原因是局势失去了控制，战争的进行使局势越发失去控制，和平条约签订的时候，局势甚至更加失控。停火的原因是有一方打不动

---

[1] 诺曼·安杰尔（Norman Angell），英国经济学家，所著《大幻想》强调可能被卷入世界大战的一些国家的共同经济利益，并预言这种战争可能造成的经济后果。——译者注

了，而不是控制住了局势。

现代欧洲精神在控制物体和物力方面取得了全面的胜利，面对人和人的精神，却表现得无能为力。这种对比在每一个参与其中的人的记忆中留下了难以磨灭的印记。我所具有的历史知识足以使我理解这种对比的分量。我知道，在纯粹的白痴眼里，《凡尔赛和约》超过了先前的一切条约，如同技术至上者认为，20世纪军队的装备胜过了先前的所有军队。似乎，人类控制"自然"的力量在上升，而控制人类事务的能力则以同等速度（*pari passu*）在下降。这确实是一个夸张的说法。但是，自1600年以来人类控制自然的能力的巨大提高却没有相应地增进他们控制人类事务的能力，却是一个确凿无疑的事实。同样清楚的是，对人类事务失控的不良后果在眼下比过去严重得多，与自然科学提供的新成就的巨大力量成正比。而自然科学以其神圣的中立性，把新成就的巨大力量一视同仁地交给或善或恶、或智或愚的芸芸众生。随着自然科学的节节胜利，对人类事务的失控不仅在越来越广的范围内造成了破坏，其后果也日益严重，以至于可能毁灭文明世界中一切优秀合理的东西，因为恶人总是先于善人、傻瓜也总是先于聪明人操起破坏的工具。我好像看到，自然科学的力量正在把欧洲变成人形兽（Yahoos）所居的野蛮之地，而这并不需要多长时间。

避免灾难的办法只有一个，如果灾难发生了，也只有靠这个办法来加以补救。欧洲人控制自然的能力是积300年考察研究之功力的结果，而考察所遵循的各种方法早在17世纪之初就已奠定了。正是由于科学视域的扩大和伽利略时代科学发展的突飞猛进，才开创了一个全新的时代，中世纪的水轮和风车让位给了功率和精密度都让人难以置信的现代机器。但在对待自己的同胞方面，人们仍旧停留在中世纪的人对待机器那样的水平上。好心的糊涂人说有必要改造人心，但麻烦显然是出在脑子里。需要做的不是增加善意和人类之爱，而是更多地理解人类事务，知道如何处理它们。

在这个意义上我认为，自然科学家应该为恢复他们正在日趋下降的威信而努力。"啊，不错，"自然科学家回答说，"你说的一切都是真的。如果要拯救文明，我们必须拥有关于人类事务的全面知识，也就是说，我们必须对人的心灵和心灵活动的各种过程有全面的认识，对这些过程在各种类型的人那里所采取的不同形式有全面的了解。与所有名副其实的知识一样，这种知识必定是科学的知识，直说吧，它就是心理学。虽然心理学是一门年轻的学科，但它却破坏一切伪造的知识，并接收了逻辑学、伦理学、政治理论以及诸如此类的旧式假科学的世袭领地，它是这个世界正在寻求的救星。"

如果说上述论断从未对我有过片刻的蒙骗，那应该归功于我早年对神学的研究。与当时研究这一课题的人一样，我读威廉·詹姆斯[1]的《宗教经验之种种》(The Varieties of Religious Experience)以及其他一些以心理学的观点来处理宗教问题的书。如果说《宗教经验之种种》一书令我大为吃惊，那并不是因为书中所描述的事实不对我的胃口，总的说来那些事实都很有趣；也不是因为詹姆斯的著作写得不好，相反，我认为他写得非常好。《宗教经验之种种》一书使我感到吃惊的原因在于它完全是一个骗局，它声称要为理解宗教经验提供帮助，实际上却什么问题也没有说清楚；在于它应用的方法；在于此书不是心理学的坏例证，而是心理学的好例证，因为它使整个论题模糊不清。在《宗教与哲学》的一个段落中，我攻击了（不是针对威廉·詹姆斯）一切以心理学的观点来处理宗教问题的人，其中最关键的话是，"以这种方式看待心灵，心灵就不再是心灵了"。

这项工作使我获益匪浅。任何把伦理学引入心理学范围的尝试（此类尝试已有充分表现），或把政治学引入心理学范围的尝试总是难免要失败的。我很清楚，"别非难心理学，它才刚刚

---

[1] 威廉·詹姆斯（William James, 1842—1910），美国哲学家、心理学家，机能心理学创始人。——译者注

起步"是一个托词，它依据的是一个谬误。心理学远不是一门年轻的科学，早在16世纪就已有心理学这个词和心理学这门学科了。不仅如此，数百年来它一直受人尊重并与邻近学科保持着和谐的关系。正如某些人——这些人懂希腊语，知道心理这个词的意思——猜测的那样，这门学科是人们精心设计出来的，目的在于研究灵魂或感觉、欲望之类的功能，而不是研究传统意义上的心灵（意识、理智、意志）或肉体。心理学的发展一方面伴随着生理学，另一方面伴随着严格意义上的心灵科学，即研究理智和意志的逻辑学和伦理学。它从未对毗邻的领地提出过侵占的要求，直到19世纪初才提出了一种理论，认为理智和意志不过是感觉和欲望的凝结。如果是这样，进一步的推论就是，逻辑学和伦理学可能逐渐消失，它们的作用可以由心理学来取代，因为并没有什么东西能够被称作"心灵"，被称为"心灵"的东西不过是"心理"罢了。

根据这些看法，现代人伪称心理学能够处理曾经由逻辑学和伦理学处理的问题，又宣称心理学是关于心灵的科学。提出或承认这种观点的人应该知道这种主张意味着什么。这意味着有系统地抹消那些对理性和意志有效但对感觉和欲望无效的区别。正是这些区别构成了逻辑学和伦理学的特殊对象材料：诸如真理与谬误的区分，知识与无知的区分，科学与诡辩的区分，正确与错误的区分，善与恶的区分，自私自利与大公无私的区分。这些区别是每种科学门类的盔甲，否认这些区别的人不可能还是一个科学家，因此，被当作心灵科学的心理学不是一门科学，它相当于19世纪初的"骨相学"，中世纪的占星学和16世纪的炼金术：那些在它们自己的时代里曾风行一时的所谓科学把戏。

这些言辞并不意味着我对心理学这门研究感觉、欲望以及与之相关的情绪的学科本身怀有敌意；也不意味着我对弗洛伊德和其他以别种方式治疗精神失调的人怀有敌意。关于他们，我们逐渐知道得比较多了，我近来也很关注他们的工作。当时，弗洛伊德对我来说不过是某个人的名字，但当我开始研究他的著作时，才发现他们这些心理学家在处理有关心理治疗的问题上达到了很高的科学水平，而在处理伦理学、政治学、宗教问题或社会结构问题时却降到了极低的水平。弗洛伊德的模仿者和论敌在智力和著述的诚意上都更逊一筹，这里就不提他们的名字了，所以，如果说他们研究这些问题的水平甚至比弗洛伊德还低，这不是一件令人奇怪的事。

通过研究历史人们是否能够更好地理解人类事务呢？史学能否在未来的文明生活中发挥类似自然科学在过去曾经发挥过的那种作用呢？如果史学只是动用剪刀和糨糊进行剪贴，

那么回答显然是否定的。如果历史学家只会重复前人已经说过的话，只会重新排列那些老话，以不同的风格来装饰它们，那么，以史为鉴培养政治智慧的古老愿望必定落空，黑格尔深知这一点，他的名言是：我们从历史中学到的唯一东西是，没有人能够从历史中学到任何东西。

不过，如果史学不是剪贴史学又会怎么样呢？如果历史学家像自然科学家一样提出自己的问题并坚持求得答案又会怎么样呢？不言而喻，这会使局面彻底改观。但是，他会不会不问那些没有实际用处的问题呢？尽管它们非常有趣。

历史学家是对过去发问的人。他通常被设想为只对过去发问，而过去已经死亡或者逝去，绝不可能继续存活到现在。这是一个虚妄不实的观点，在我认识到这一点之前，我的史学思想研究并无大的进展。历史学家不可能回答关于过去的问题，除非他有证据。如果他"握有"证据，那证据必定存在于此时此地，是某种属于当下世界的东西。如果某一历史事件没有在当下世界中留下任何种类的痕迹，它就是一个过去了的历史事件，今天已找不到任何与它有关的证据，那么，也就没有人，也就是没有哪位历史学家（这里不涉及其他或许具有更高智慧的人）能够知道任何与它有关的情况。

一个历史事件必须在当下世界中留下一些自己的"痕迹"，

向历史学家证明它曾经存在,痕迹不能仅仅是某些物体或物体的某些状态。让我们设想,中世纪的某个国王封赠某座修道院一些土地,再设想,记录这次封赠的契据保存到了现在。那是一张褐色的羊皮纸,上面布满了黑色的记号。这张羊皮纸之所以能够作为历史学家的证据,确证有那次封赠,原因就在于有这张羊皮纸以外的其他东西从中世纪遗存到了今天。其中之一是关于拉丁语的知识。其他同样具有普遍形式的必不可少的遗存物人人尽可设想,我将把自己限制在拉丁语这一点上谈问题。如果阅读、理解拉丁文的习惯没有从中世纪到现在一直保持在教会的神职人员之中,这张羊皮纸就不可能告诉历史学家它实际上已经告诉了他的那些内容。用一般的话来说,现代历史学家能够研究中世纪,能够以他实际应用的方式研究中世纪,原因仅在于它并没有死去。我这样说的意思并不是指中世纪人的著作或者诸如此类的东西仍然以物的形式存在着,而是指他们的思维方式仍然存在着,现代人继续在以那些方式进行思考。遗存物不一定是持续的,它们可能已经死去,但从中长出了新的东西,美索不达米亚和埃及的古语言就是这样。

1920年前后,我提出了我的历史哲学的第一条原理:历史学家研究的过去并不是死去的过去,而是在某种意义上仍然在当下世界中活着的过去。当时,我是这样表述这一原理的:构成历史的并不是"事件"而是"历程";"历程"无始无终而只有转化:如果历程 P1 转化为历程 P2,两者之间并没有一条明确的界线标志着 P1 的结束和 P2 的开始——P1 并没有结束,它改变形式成为 P2 继续存在着,P2 也没有开端,它以前就以 P1 的形式存在着了。历史中不存在开端和结束,史书有始有末,但它们描述的历史事件本身却没有始末。

如果 P1 在 P2 中留下了自己的痕迹,生活在 P2 阶段的历史学家通过解释证据便能发现,眼下的 P2 曾一度是 P1,因此,现时世界中 P1 的"痕迹"并不是死去了的 P1 的残骸,而是在活生生地发挥作用的 P1 本身,只不过被纳入了它的另一种形式即 P2 之中。P2 并不晦暗,它是透明的,因此 P1 能透过 P2 而闪耀,二者的光色融为一体。如果符号 P1 标志着某一历史阶段的特点,符号 P2 相应地标志着后继阶段不同于 P1 的特点(因此二者互相否定或互不相容),那么,形成后继阶段特点的绝不只是单纯的一个 P2,而是拥有 P1 遗存的 P2。人们在试图描绘各个历史阶段的面貌特征时之所以会犯错误,原因就在于他们在做这一工作时过分精确,忘记了他们时代所闪耀的光芒实际上永远是一种复合的光芒,其本身融合了许多不同的颜色。

"活着的过去"这一思想以及与此相关的许多其他思想都是在 1920 年提出来的。同年,我以一篇长度相当于一本小册子的论文逐一记录下了这些思想，并没有进行详细的论述或解说。这篇论文首先研究了"历程"或"变"的性质及意义。其次，它攻击了实在主义，展现了实在论者对历史观念的"不能接受"（*non possumus*），并指出，实在论者不承认"变"这一实在，而把"P1 变为 P2"这一真命题肢解为"P1 是 P1""P1 不是 P2""P1 的结束是 P2 的开始""P2 是 P2""P2 不是 P1"之类的同义反复的命题或假命题。我用 3 天时间写完了这篇文章，只想用它来使我的思考过程具体化。对于一般公众来说，它可能相当晦涩难懂，我从未打算公开出版它。只有我的朋友圭多·德·鲁杰罗读到过它，我送给了他一个副本，认为身为哲学史家的他可能会有兴趣。写完这本书后，这篇论文的手稿像《真理与矛盾》的手稿一样被我毁掉了。[1] 出于自娱，我称这篇论文为"论生长"（*Libellus de Generatione*），并在篇首题词："布拉格的老隐士没有见过钢笔和墨水，他非常机智地问国王高布达克的侄女，'那……那是……是……做什么用的？那个呢？是……是什么？'"

史学能否成为培养道德或政治智慧的学校？我的那些概念

---

〔1〕 实际上，圭多·德·鲁杰罗（Guido de Ruggiero, 1888—1948）保存了副本，今存牛津大学博德利图书馆（Bodleian Library）。——译者注

会给这一问题带来什么影响呢?我这样发问。固执已见的旧史观显然于事无补,因为它理解的史学只是剪贴史料,在这种观念下,过去是死掉的过去,了解过去不过是指弄清权威人士对于过去说了些什么。这样的知识对于指导行动是毫无用处的。既然历史从来不会原样地再现自身,眼下摆在我面前的问题与权威人士论述过的问题就是截然不同的,而权威人士只希望我重复过去曾经获得成功的解决方式,或避免使用过去失败了的方式。只要过去与现在互不相干,关于过去的知识对解答现在的问题就不会有多大用处。但是,如果设想过去在眼下仍然活着,设想它囊缩(incapsulated)在现时之中,虽然初看起来它被现时彼此冲突和更为突出的外貌掩盖住了,但仍在活生生地发挥作用,那么,历史学家与非历史学家的关系就如同训练有素的森林猎人与对森林一无所知的旅游者的关系一样。"这里只有树木和草丛,"旅游者这样想,大步流星继续往前走。"看,"猎人说,"草丛中有一只虎。"历史学家的任务就是揭露那些不太明显的东西,对眼下环境不甚在意的眼睛是看不见它们的。史学能够带给道德生活和政治生活的就是一双训练有素的眼睛,它们能看清我们生活其中的环境。

这一点儿礼物似乎太微不足道。人们会说,我们有权要求更多的东西。向我们指点老虎的存在有什么用呢?除非你同时给我们一支枪，使我们能够打死老虎。历史学家并没有为身处道德和政治困境的我们提供多少帮助，如果他只是让我们了解环境的各种特点，却没有为我们提供一些据以在这种环境中行动的法则的话。

在我看来，回答这个问题需要讲清两点。第一点可以非常简单地谈谈，不过我认为只谈这一点并不能完全说清问题；对问题作完整回答还需要谈第二点，这一点需要较长的篇幅。我将分别谈这两点。

第一点是，你不是想要一支枪吗？那么，去找有枪的地方好了，去找制枪人好了。但是，不要指望制枪人卖给你一支既能射杀老虎又能发现老虎的枪。为了发现老虎，你还必须学习有关森林狩猎的知识。

换句话说，如果你需要的就是对付某些特殊类型环境的现成法则，那么，自然科学就是能够向你提供这些法则的那种东西。17—19世纪的文明是以自然科学为基础的，但它发现自己的破产迫在眉睫，其所以如此的原因就在于它太热心于现成的法则，而忽视了洞察力（insight）的培养。只有洞察力能够告诉我们应该采取何种法则去应对环境，这里所谓的环境，不是指某一特殊类型的环境，而是指从中总结出那一法则的环境。正因为历史给了我们某种完全不同于法则的东西，即洞察力，它才可能为我们提供必要的帮助，使我们能够诊断道德生活和政治生活中的问题。

第二点是，如果你确信你在草丛中看到的会是一只虎，如果你对虎的理解只是予以射杀，那么，随身带一支枪好了。但你真的相信你会看到一只虎吗？如果你看到的是你自己的孩子在扮演印第安人，又会怎么样呢？

换句话说，可能有这样一些环境，由于这样或那样的原因，应对它们根本不需要任何现成的规则，只需要你对它们有所洞察。在这种情况下，你所要做的只是认清环境，做到了这一点你便能及时找出对策并获得成功。我认为，这种类型的情况在道德生活和政治生活中是非常重要的。我将尽可能阐明我对这一问题的思考，但并非三言两语就能说得清楚。

当我论及行为，我指的是这样一种行为，行为者为其所为的原因并不在于他身处某一环境之中，而在于他知道或相信自己处于某一环境之中；这里完全不涉及那类行为，它的发生只是对环境刺激的反应，或是行为者的本性、气质或即时状态的结果。当我论及以法则为依据的行为时，我是指行为者知道或相信有某种法则存在，这一法则适用于他知道或相信自己正置身于其中的环境，他决定让自己的行为符合法则的要求；而不是指那一类行为，在其中行为者虽然实际上服从于一定的法则,但对自己的所作所为却没有意识。

我们的许多行为是依据法则行事的,法则是使我们的行为获得成功的东西,因为我们正活动在某些标准化类型的环境之中,我们努力运用法则以期获得某些标准化的结果。依据法则的行为是一种极其重要的行为。当发现自己身处某种环境中时,每一个明智的人所问的第一个问题就是:"在这种环境中,行为所能依据的法则是什么?"

虽然依据法则的行为是非常重要的一类行为,但它并不是唯一的类型。在两种情况下还需要有另外一种行为,在描述这类行为之前,我将努力证明它的存在。

假设你发现自己正处于某一既定类型的环境 S 之中,假设你想获得某一既定类型的结果 R,而环境 S 之中有一条法则,即获得结果 R 的方法是采取行动 A。你可能知道这条法则,但你是怎么知道它的呢?途径无非两种:或得自你的经验,或得自其他人的经验。在两种情况下都有一定量的经验在任何人掌握这条法则之前就积累起来了。这些经验必定是过去那些想获得结果 R 却不知道这条法则的人在环境 S 中的行动。他们为获得结果 R 所做的努力必定总是获得成功,否则,促成这条法则产生的那些经验就不可能积累起来了。因此,必定有一类行为是没有法则为依据的,在那里,对环境的认识直接导致了适应这一环境的行动，这时，它还没有经过归纳出一条适用于这一环境的法则的阶段。这种情况一定非常普遍，因为正是从大量的这类行动中归纳出了关于行动的甚至是最琐细的法则。

1. 没有法则可以依凭却不得不有所行动的第一种情况是，你发现自己置身于某一环境但不能辨认它，它不属于你所熟悉的任何一种类型。没有哪一条法则能够告诉你应该如何行动，但你又不能不有所行动，任何人都不能够自由地决定是否行动。正如帕斯卡[1]所说：你必须打这个赌。你站在这里，面对这一环境，你不得不随机应变，尽最大努力找到一个应对它的方法。

2. 没有法则可以依凭却不得不有所行动的第二种情况是，你能够把环境归于某一已知的类型，但你不愿意这样做。你知道有一条法则可以应对这类环境，但你不愿意采用它，因为你知道，依照法则的行动总会引起你与环境之间的某种不适应。如果你按照法则行事，你并不是在应对你实际所处的环境，而是在应对某一类型的环境，你把自己所处的环境划归这一类型。大家都认为归类是把握环境的有用工具，但是，它毕竟离间了你和你能够把握的那个环境。在大多数情况下，这种做法

---

〔1〕帕斯卡（Blaise Pascal, 1623—1662），法国数学家、哲学家。——译者注

并没有什么害处，但有时它也会带来许多问题。

每个人在与他的裁缝打交道时都将遵循一定的法则，我们承认，这些法则合乎情理地产生于大量的经验。依照这些法则行事，一个人能够与他的裁缝保持良好关系并使他的裁缝也乐意与他相处。但是，只要他依照法则行事，他在与裁缝相处时就只把他当作一个裁缝，而不是当作年逾六十、心脏衰弱、热心园艺、有一个患肺结核病的女儿并在银行有透支的约翰·鲁宾逊。毫无疑问，应对裁缝的法则使你能够妥善处理你与裁缝鲁宾逊的关系，但是，这些法则使你不再留意他身上可能存有的其他因素。当然，如果你知道鲁宾逊的心脏不好，你在与他相处时肯定会对应对裁缝的法则做一些修改，而采纳一些与心脏不好的人交往所应遵循的法则。如果是这样的话，这种修改很快就变得极为复杂，以至于法则对你不再具有任何实际的用处。你已经超越了以法则指导行动的阶段，重新回到随机应变的立场，你需要尽最大努力找到一个方法来应对你置身其中的环境。

在两种情况下有必要另谋出路而不是依照法则行事。第一种情况出于行为者缺乏生活经验或对生活茫然无知，这在青年中是极其普遍的。此外，当我们突然发现自己置身于一个十分陌生的环境之中时，例如旅行或其他干扰打乱了我们的正常秩序时，这种情况也很多见。第二种情况只发生在经验丰富、足智多谋的人身上，甚至只发生在他们非常严肃认真地对待环境的时候。他们太严肃太认真了，不仅拒斥毫无掩饰的诱惑者即欲望的诱惑，拒斥略加修饰的自利动机的主张，并且拒斥正当的行为或依据现行法则的行动。诱惑者的诱惑多有巧妙伪饰，大多数人都很难辨识，一旦洞察真相，他们会真诚地自责并忍受自责的折磨。

从这一观点出发我指出，需要法则并想从中获得行动指导的人往往依附于低层次的道德习俗和道德训诫。他在环境中努力寻找那些他已经知道如何处理的因素，却闭眼不看另一些东西，那些东西可以向他证明，他所遵循的现成法则不足以引导生活行为。

法则使行为保持在较低的水平上，因为它们总会遮蔽实际环境的某些东西。如果行动要上升到一个较高的水平，行为者一定要开拓自己的眼界，并对自己行动其间的环境有更加清醒的认识。如果史学的功能就是向人们讲述过去的故事，而过去又被理解为死去的过去，那么，它对于人们的行动就几乎没有什么帮助。但是，如果史学的功能是传达现在的信息，而过去连同它那些可见的对象材料都囊缩在现时之中并成为现时的一个部分，那么，即使缺乏训练的眼睛不能很快看清这一点，史学也可能与实际生活建立起最密切的联系。剪贴史学的目标是从权威人士那里获得有关死去的过去的现成结论，显然，这样的史学不可能像自然科学教会人们控制自然力那样教会人们控制人事环境；像孔德[1]那样在社会学的名目下提取出来的剪贴史学的精华，也不可能做到这一点。但是，新史学似乎获得了某种机会，证明它能够做到这一切。

---

　　[1] 孔德（Auguste Comte，1798—1857），法国哲学家，实证主义和社会学的创始人。——译者注

第十章　历史：心灵的自我认识

一旦我在对历史观念的思考上向前迈出新的一步，这种机会便获得了一种可能性。准确地说，这一进步是在1928年取得的，当时我正在勒马尔图雷度假，那是离迪耶[1]不远的一所令人愉快的乡村住宅。坐在法国梧桐树荫下的阳台上，我尽可能简短地记下自己近9年来探究历史的心得并反省它们。难以置信的是，逼近一个如此明显的观点的速度竟是如此缓慢，然而事实就是这样，我的手稿明白地证实了这一点。我知道自己的思考总是滞重缓慢并充满了痛苦，对我来说，思想在其形成的过程中并不会因为努力而迅速成长，也不会由于论辩而清晰起来（论辩对于尚未成熟的思想是最危险不过的），而是在漫长而沉重的孕育过程中悄然无声地长成，出生之后才由其双亲舔舐

---

〔1〕迪耶（Die），法国东南部小城镇，有丰富的历史文化遗产。——译者注

修整，使之可以展示于人前。

正是在迪耶写下的手稿中，我第一次区分了本然的历史和伪历史，我用伪历史指称那些地质学、古生物学、天文学和其他自然科学式的叙述，这些科学门类在18世纪末和19世纪初多少呈现出了一些历史性的模样。作为一个考古学家，我通过反省自己的经验认识到，它们所呈现的只不过是历史性的外貌罢了。考古学家经常要求人们注意他们自己的地层学方法与地质学的地层学方法之间的相似之处；相似之处当然有，但相异之处也同样存在。

如果某位考古学家发现一个土石胶泥层中混有陶片和钱币，在它之上有一层平整的石板路隔断了另一个混有完全不同类型的陶片和钱币的土层，那么，他很容易得出结论说，考古学家应该像地质学家使用化石那样，用两种不同的瓷片和钱币来说明两个地层分属不同的年代，把它们与别处发现的含有同类遗物的地层相对照，便可以确定它们的年代。

容易是容易，但此说仍有它的问题。对于考古学家来说，那些东西并不是石头、粘土和金属，而是建筑石料、陶片和钱币，是一座建筑物的废墟、家用器皿的碎片和交换的媒介——它们都属于一个逝去的年代，向考古学家展示着自己的目的。只有当考古学家懂得每一件东西的用途时，他才能把它们用作证明历史的凭据。如果他不懂得某一物件的用途,那么他作为考古学家就不需要这一物件,他会把它扔在一旁,但希望某个比他自己更博学或更机敏的人能够解开这个谜。考古学家不仅把别针纽扣之类的小东西视为某种目的的表现物,他也这样看待整座建筑,这样看待整个聚落。

19世纪以前的自然科学家可能会说,他们的研究与此相同:"自然科学的每一项研究难道不都是为那个或曰自然或曰上帝的强大存在的目的提供一种解释吗?"而19世纪的自然科学家会坚定不移地回答说,科学研究的意义不在于此。就事实而言,19世纪的科学家是正确的。就自然科学当今的面貌而言,或者就它这大半个世纪以来的面貌而言,它那些仍在发挥作用的范畴中没有目的这一观念。在神学方面,19世纪的科学家也是正确的。我认为,把自然科学研究置于"我们能够把握上帝的目的"这一预设之上的做法并不值得赞赏。如果一个古生物学家告诉我,他从来没有想到去问一问三叶虫存在的目的是什么,我将为此感到高兴,为他不朽的灵魂,也为他的学科所取得的进步感到高兴。如果考古学家和古生物学家根据同样的原则从事研究,三叶虫对于古生物学家就会像"用途不明的铁制器具"对于考古学家一样毫无价值,而"用途不明"一般会使考古学家极为窘迫和不安。

历史和伪历史都是由叙述构成的。但是，历史叙述的是有目的的活动，活动留下的各种遗迹（书籍或陶片，原则上都一样）便是这些活动曾经存在的证据。历史学家在何种程度上从目的方面来构想这些遗迹，也就是说，他在何种程度上理解这些遗迹的原有用途，这些遗迹就在何种程度上成为历史的证据。在伪史学那里没有目的这一观念，有的只是各种各样的遗迹，它们彼此不同，就此而言不得不把它们说成是不同历史时期的遗迹，并以时间为轴线把它们排列起来。

"一切历史都是思想史（history of thought）"，我以这句话来表述这个新的历史观念。我的意思是说，当你谈到什么东西时说"我知道制作此物（写作此书、使用此物、签署此名等等）的人在想什么"，你就是在历史地思想。在你说此话之前，你可能竭力想历史地思想，但你不会成功。除了思想，没有别的什么可以作为历史知识的对象。政治史是政治思想史。政治思想不是指"政治学说"，而是指占据着从事政治活动的人的头脑的思想——制定一项政策，设想实施的办法，付诸实现的意图，察知他人的反对态度，想出克服敌意的办法，诸如此类。想想历史学家如何叙述一篇著名的讲演吧。他不会让自己去关心其中任何感觉方面的因素，诸如讲演者音调的高低、议员席座椅的软硬、第3排那个老绅士的耳朵好不好使等等。他把注意力集中在讲演者要说的话上（思想就是由这些话传达出来的），集中在听众的接受态度上（他们心里的想法以及这些想法如何影响着他们对讲演者思想的理解）。军事史也不是叙述酷暑或严冬里令人生厌的行军，不是叙述战斗的激烈残酷或伤病员长时间的痛苦，它要叙述的是作战计划和反击计划、对战略战术的考虑，以及队列里的士兵如何看待战争。

在什么条件下才有可能了解一种思想的历史呢？首先，那思想必须是表达出来了的，用我们称为语言的方式，或其他表达方式的某一种。以历史为题材的画家似乎把高举手臂指点方向的姿势作为表达指挥官思想的特有姿势，溃逃则表示大势已去、胜利无望的思想。其次，历史学家必须能够重新思想他努力解释的那一思想，如果由于某种原因他不能做此项工作，那么，他最好把这一问题搁置一旁。这里的重要之处在于，探讨某一确定思想的历史学家必须思想被探讨的那一思想，而不是另一个与它相似的思想。如果某个人——下面称之为数学家——写下了 2 + 2 = 4 这个式子，如果另一个人——下面称之为历史学家——想知道数学家在纸上写下这些符号时在想些什么，他必须像一个合格的数学家那样想数学家之所想，并把思想的结果表述为 2 + 2 = 4，否则，他便不能回答"数学家在想什么"

这一问题。当他解释纸上的符号，并且说"数学家用这些符号表示了 2 + 2 = 4 的思想"时，他同时在想：（1） 2 + 2 = 4；（2）数学家也认为 2 + 2 = 4；（3）数学家在纸上记下这些符号，用以表述这一思想。有读者说："噢，在你所举的例子里历史确实是思想的历史，这轻易证明了你自己的观点；但是，你不能用这种方式来解释一场战役或一次政治运动的历史。"我不想说服他们，但我要回答说，我能够，读者您也能够，只要您去试。

我由此得出了第二条定理："历史知识就是历史学家正研究其历史的那些思想在他自己心灵里的重演（re-enactment）。"

当我理解了纳尔逊说"我赢得了荣誉，我将带着它们荣耀地死去"这句话的意思，我是在设想自己处于纳尔逊的位置：胸前挂满勋章，暴露在敌方射手滑膛枪短距射程之内，而有人却建议我不要成为惹人注目的目标。我问自己这样一个问题：我需要换掉自己的衣服吗？并用上述的话对此做了回答。理解这些话意味着我重新思想了纳尔逊在说这话时的思想；此刻不是去掉荣誉饰物来挽救自己生命的时候。除非我能——或许只在一瞬间——自己思想这一切，否则纳尔逊的话对我来说便没有意义；我只能像心理学家那样织就一张冗言之网来包裹它们，谈论什么色情受虐狂、罪恶意识或者内倾、外倾以及诸如此类的愚蠢思想。

不过，重演纳尔逊的思想是伴有差别的重演。纳尔逊的思想作为他自己的思想，和我对它的重新思想毫无疑问是同一个思想，但是从某种意义上说又不是一个思想而是两个不同的思想。不同之处何在？在我对史学方法的研究中，没有哪个问题比这一问题更让我费神的了，好些年以后我才求得了完满的解答。区别就在于背景（context）不同。对于纳尔逊来说，那思想是一个当下的（present）思想；而对于我来说它是一个当下仍然活着的过去的（past）思想，囊缩在现时之中（在别处我对此已有说明）而不是处于自由状态。何谓囊缩的思想？就是那种完全鲜活但在发问者的心灵里并不能成为问答综合体的一个部分的思想。问答综合体构成了人们所谓的"现实"（real）生活，即表象或显现的现在。对于我或对于那个初看起来我认为是我的人来说，"是否要脱掉我缀满勋章的衣服"这一问题是不会提出来的。提出来的问题只会是，例如，"我要继续阅读这本书吗？"往后是，"对于一个考虑如何使这场战斗转败为胜的人来说，'胜利号'的甲板看起来会是什么样的？"再往后，"如果我处在纳尔逊的地位我会做些什么？"最初的这一串问题构成了我的"现实"生活，其中没有什么问题需要以"我赢得了荣誉，我将带着它们荣耀地死去"这句话来回答。但从最初的一串问题中生出的一个问题,也许可以作为进入另一层面的开关。穿过心灵的表层深潜下去有这样一种生活,在那里我不仅能够思考纳尔逊,并且我就是纳尔逊,因此,我对纳尔逊的思考就是对自己的思考。不过,第二种生活不允许无节制地浸入第一种生活,禁止的方式就是我所谓的囊缩,即让它存在于最初的或表面的知识背景之下,这就把它固着在它自己的位置上,因而禁止了它的泛滥。我所谓的表面知识是指这一类知识:特拉法尔加战役发生在90年以前;我是一个穿着紧身衫的小男孩;这是我父亲书房的地毯而不是大西洋,那是书房的镶板而不是西班牙海岸。

这样我又获得了第三条定理:"历史知识乃是对囊缩于现在思想背景下的过去思想的重演,现在思想通过与过去思想的对照,把后者限定在另一个不同的层面上。"

我们如何辨识"现实"生活的层面和"历史的"层面呢?是通过查看历史问题的提出方式。每一个历史问题归根结底都是从"现实"生活中提出来的。剪贴史学家不这样想,他们认为,首先人们得养成读书的习惯,然后书本会把问题塞进他们的脑子。然而我谈的不是剪贴史学。在我思考的那种史学中,在我终生实践着的那种史学中,历史问题是从实际问题中提出来的,我们研究历史的目的在于更加清楚地了解我们必须活动于其间的环境。因此，从根本上说，一切问题所由以产生的那一层面是"现实"生活的层面，为这些问题的解决而涉及的那一层面是历史的层面。

如果历史学家所知道的是过去的思想，如果他是通过自己重新思想它们而知道了那些思想，那么，他通过历史探究而获得的关于他所处的环境的知识就不是那种与他关于自身的知识相对立的知识，而既是关于他所处的环境的知识，同时也是关于他自身的知识。重新想他人之所想，自己也就思想了他人的思想；知道了他人思想过的那一思想，因此知道自己能够思想那一思想；发现自己能做什么就是发现自己是一个什么样的人；如果一个人通过重新思想而懂得了许多不同类型的人的思想，那么他必定是具有多种类型特征的人，他实际上就是他所了解的那些历史的缩影。因此，他的自知同时也就是对人类事务的认识。

这一连串思考直到1930年前后才最终完成。由此我便回答了大战以来一直萦绕心怀的那个问题：如何才能建立一种人文（human affairs）科学，就像自然科学已经教会人们应对自然界的各种情况那样，使我们能够从中学到处理人类事务的技巧？现在，答案是清楚而肯定的，这种人文科学就是历史学。这是在19世纪末以前不可能获得的发现，因为史学直到19世纪末才开始进行一场培根式的革命，从剪贴史学的蝶蛹状态羽化成蝶，成为——就这词的严格意义而言——一门科学。正因为18世纪的史学尚处于蝶蛹阶段，所以，18世纪的思想家们在看到有必要建立人文科学的时候，不是认为它等同于史学而是试图将它构建为一种"人性的科学"。在休谟等人的构想中，所谓"人性的科学"有着严格的经验论方法，它实际上是对当时欧洲人的心灵所进行的历史性研究，这种研究毫无根据地设想，任何时候任何地方的人类心灵的运作方式与18世纪欧洲人的心灵无异。19世纪的思想家们同样研究人文科学，他们试图将它构建为"心理学"，因而把认识归结为心理活动，真假之间的区别被抛弃了，科学的真实含义被否定了，心理学本身也最终陷于破产。但是，史学方法发生了革命性的变化，本然的史学取代了剪贴史学。这场革命也彻底清除了那些伪科学，使真正的、实际的、明显迅速进步的知识形式得以确立。现在，人们第一次被置于这样的位置，在那里他要服从"认识你自己"（know thyself）的神谕，并获得只有这种服从才能给予的好处。

构想并论述本章和前两章中扼要概述的思想花去了我成为哲学教师后的近20年时间。我一次又一次地记下它们，又一再修改和重写，因为，每当我需要整理尚未成熟的思想，我的笔总是我唯一能用的工具。这些笔记从未打算出版,[1]虽然其中的许多要点多次以授课的形式讲授过。我此刻发表这些简短的概述,是因为我的主要问题现在都已解决,完全发表只取决于时间和我的健康状况。

由于应用这种方法,思考这些问题就成了一件非常吃力的事。每个细节都需要由反省历史研究的现状而提出来,因此我只得不断地参加到这些研究中去,以针对这些目标进行研究的最新成果来一次又一次地检验它们。大约在1930年,由于长期不断地过度工作,我的健康开始恶化,无论幸运与否,任何疾病都不会妨碍我思想和写作的能力,也不会影响我思想和写作的质量。当我感到不适,写下一些哲学断想就是我唯一能做的事,停笔之前我会忘了所有病痛。但是,这并不能治愈疾病。如果疾病的起因是过度工作,那么,这种做法只会加重病情。

由于我日益陷入学校的各种事务之中,身体的诸种不适更

---

[1] 其中一些观点可能以短文的形式零星发表过,我不时发表一些这样的文章。登载它们的唯一刊物是哲学杂志,就是在那里,它们也被头脑僵化的人视为无用之论,那些人虽然读哲学杂志,却不思考历史问题。1934年我被选入英国国家学术院,应邀为学会的刊物《先导》撰稿,我发现了不少思想开放的听众,于是,我为他们写了一篇题目为"人性与人类历史"(第22期)的文章,其中讨论了本章提到的一些观点。

加严重了。虽然从事管理工作的热情得到了满足,但我终于发现,这种做法不过是恶性循环的另一条弧线。

当时我想得很多,我相信,公众也会重视这些思想,而要把我的思想贡献给公众,唯一的途径就是写书。因此,我决定利用闲暇来做这件事,并制订了写作的系列计划,开始撰写《哲学方法论》(An Essay on Philosophical Method)。这本书完成于1932年,当时我久病不愈。从内容上说,它是我最好的一本书,就文体而言,我应该称它为唯一属于我的一本书,因为它是我有时间完成的并且我知道该如何完成的唯一著作,而不是搁置一旁的半成品。在整理了我的考古研究(所用的方法将在下一章提及)之后,我于1937年写了计划中的第二本书《艺术原理》(The Principles of Art)。[1] 此书尚未刊行,我就因重病躺倒了。生病给了我述写自传的时间和动机,我想以它来简要记叙我那些尚未发表的东西,以防万一我不能完整地发表它们。

从那以后,我把全部有效时间都用于实施我的写作计划。我已年近半百,没有多少年可以指望用来写出最好的书。借此

---

[1] 促使我撰述艺术哲学的动机,我为取得从事这一工作的资格而接受的训练,以及我经年累月思考它所走过的漫长道路,对于这一切我无须多说,读者可以在《艺术原理》中找到所需要的一切答案。

机会我说一下，我不愿被拽入对我所写的东西的讨论之中。可能有的读者希望我能认识到，这一决定纯属糊涂。我知道这些读者会说些什么，我也能自己提出他们对我的那些批评。可能有些人想向我指出，我在这一细节或那一细节上出了错。也许我是错了，如果他们能证明这一点，就请他们不要就我本人而就论题本身发表高见吧，以表明他们在这一论题上能比我写得更好，我将很高兴读到这样的东西。如果有谁认为我的作品不错，请他们注意自己的东西，以此来表示对我的赞赏。这样我或许可以不用借助死亡来逃避一个老年学者可能遭受的最后羞辱——他的年轻伙伴筹划为他出版一卷文集，献给他，作为他们认为他已经老了的标志。

第十一章　罗马不列颠史

为了促进我的哲学研究，我不仅需要不懈地研究哲学，也需要不断地研究历史。在历史研究方面我应当选择这样一个领域：在那里，我能够引入新的研究方法并有希望与他人合作；在那里，我是已经获得承认的专家。因此，那必须是一个不大的园地，一片适合精耕细作的熟土。为此，罗马不列颠史便成为非常适当的题目了。此外，我早已肩负从事这一领域研究的重任。研究罗马不列颠史的大师哈弗菲尔德死于1919年，他的大部分学生在战争中阵亡了，我是留在牛津的唯一一个被他训练为专门研究罗马不列颠史的人，即使我的哲学不需要这方面的研究，我也会承担道义的责任。为了表示对他的敬意，我应使他所奠基的罗马不列颠史的研究在牛津保持生机，把他教给我的研究方法传授下去，让他留在牛津的专门图书派上用场。正是出于这种责任感，我谢绝了战后这些年来我收到的其他学校的教授职位和别的一些工作邀请。

应克拉伦登出版社（Clarendon Press）编委会的约请，我于1921年写出了第一本概述这一课题的书。篇幅不长，我用两天时间就写完了。原计划就是写成一本入门读物，其中不乏缺点和毛病。尽管如此，它表明了我对待这一领域中所存在的诸种问题的一般态度，更为重要的是，我在其中对这些问题是什么提出了自己的一般看法（这些看法部分来自哈弗菲尔德，部分与他的不同）。撰写此书给了我一个机会，使我能够越出一篇短文的局限更清楚地看到，我关于历史研究的观念正在形成。此书的销售情况可以证明，公众已准备给这些思想以热烈的欢迎。10年以后，我重新改写了此书，增加了篇幅，1934年不得不再一次修订它。同年，我为弗兰克[1]教授主编的《古代罗马的经济研究》（An Economic Survey of Ancient Rome）撰写了不列颠部分，1935年又为《牛津英国史》（The Oxford History of England）撰写了史前史和罗马不列颠史部分，它们与迈尔斯[2]撰写的英格兰人拓居史合在一起，构成了第一卷。

---

〔1〕弗兰克（Tenney Frank, 1876—1939），美国罗马史学家。他的著作很多，其中著名的有《罗马帝国史》《罗马经济史》，而其主编的《古代罗马的经济研究》（6卷）更是一部不朽之作。——译者注

〔2〕迈尔斯（John Linton Myres, 1869—1954），英国古典学家。——译者注

参与撰写这两本大部头著作的邀请来得正当其时。我在自己的实验室里待的时间够长了，想转向实际的研究。考古学和历史学的相关工作已教给我许多有关历史哲学的东西，整理并出版它们的时候到了。但是，道别之前我不能把罗马不列颠史抛置一旁，一部更为详尽的著作不应只做这一点工作，它应该以具体的形式来展示"历史地思想"所具有的那些原则，如我现在对它们的理解那样。

尽管多少有些无意识，大部分这样的原则在历史学家中是被共同奉行的，但并非完全得到了一致的承认。更准确地说，只有极少数这样的原则是历史学家明确认识到了的，历史学家绝没有把他们认可的所有原则都视为他们在任何情况下都必须坚持的东西。

例如，考古发掘的长期实践告诉我，发掘点无论大小，获得成功的一个条件（当然是最重要的一个条件）是，负责发掘的人必须明确知道他为什么要发掘它。他必须首先确定他想发现的东西是什么，然后要确定在什么类型的发掘点可能挖出他想要的东西。这是"问答逻辑"的中心原则，也适用于考古。在考古活动开展之初，发掘是盲目进行的，没有任何明确的问题需要人们为之寻得答案。一个有文化方面兴趣的地主发掘了一处古代遗址，因为那处遗址是在他的领地上。他发掘时脑海里并没有带着什么问题，而只有一个当时的发掘人都有的模糊想法："让我们看看，在这里能找到什么有意思的东西供我收藏。" 18 世纪古物收藏者的好奇心为其 19 世纪继承者的求知欲所取代之后，共同的想法就成了"让我们看看，从这里能了解些什么"。就我对"问题"一词的理解，这样的"问题"与"什么是知识""什么是责任""什么是至善""什么是艺术"等假问题一样，都是含义不清的混成短语，它们包含了许多可能的问题，却没有真正表达出其中任何一个。

在我们的时代，颇有余财的开明地主近乎绝迹，考古发掘多由地方团体组织，在考古专家的指导下进行，费用来自公众的捐赠。虽然有了这些变化，但在最重要的一点上却毫无改变，大多数发掘仍然是"盲目的"，公众（包括有产阶级的各阶层，从富裕的银行家到没落的工业家）对历史知识很少在意甚至毫不在意。如果你想让公众为某项发掘掏钱，你用不着告诉他们说这次发掘将能够解决一些重要的历史问题。自然科学家可以说这样的话，因为 300 年的反复宣传已为他们开辟出了一条路径，使这些观念能够进入公众的脑子。而考古学家不得不用令他们厌恶的怀旧情调作为要钱的手段，怀旧是我们这个时代最显著的特征。"这是一个富有传奇色彩的古代遗址，"他们必须这样说，"它被掩埋在破旧的平房和羊肠小道之下，把你的几尼[1]掏出来给我们吧,这样我们便肯定能发现一些东西,否则机会就永远失去了。"因此,某个遗址的发掘并不是因为它可以为某个紧要问题提供解答而被选为发掘点,而是出于那些非科学的原因,这与旧时完全一样。

另一些遗址的发掘是因为地方考古协会早有发掘的愿望,但由于遗址所在地主人的拒绝而长期不能遂愿,后来的新主人赞成发掘,于是他们抓住这个机会,赶紧向公众募捐。有一些遗址没有被触动的原因在于,它们不是位于某位富人的园林之中,而是处于某个强有力的考古协会的控制之下;或者,它们位于这样一个考古协会的控制区域,它既无力进行发掘,又对这类遗址没有太多的兴趣。

如果历史研究要经历一场培根式的革命(这场革命将把盲目而随机的研究转变为有明确问题并要求明确回答的有目的的研究),要做的第一件事就是在历史学家中宣讲这一革命。我开始研究罗马不列颠史时,这场革命才初露端倪,尚无大的进展。哈弗菲尔德和他在坎伯兰考古委员会的同事们在19世纪90年代就以其发掘方法表明,他们是自觉且彻底的培根主义者。如果不清楚自己要找什么资料,他们绝不开掘一条探沟;当他

---

[1] 几尼(guinea),英国古金币。——译者注

们既知道这资料是他们进一步研究所需要的东西,又知道那条探沟将会提供这一资料时,他们才进行发掘工作。这就是他们能够解决深奥复杂的高难问题,而一年的花费却不超过甚至常常低于三四十英镑的原因。他们在北方的后继者们继承并一直遵循他们的原则。

但南方的情况有很大不同,我在经常出入各考古协会时发现了这一点。在南方,考古发掘仍旧按照皮特-里弗斯[1]将军在19世纪最后25年里确立的原则进行。皮特-里弗斯是一位非常伟大的考古学家,在考古发掘的技能方面,他也称得上是一位杰出的专家,但是就利用考古发掘来解决问题而言,他在很大程度上(并非始终一贯)仍停留在前培根时代,他的发掘目的是想看看自己能找到什么,而没有把阿克顿爵士"研究问题而不是时期"的著名建议应用到考古学中去。我发现,在他的后继者那里,考古学不是意味着研究问题而是指考察遗址,考古发掘的意思就是挑选一处遗址,一年一片有计划地挖开,为此耗费数千英镑,全部挖完后又转向另一处遗址。结果是,

---

[1] 皮特-里弗斯(Augustus Pitt-Rivers,1827—1900),英国考古学家,常被称为"英国考古学之父"。他从社会学角度研究出土文物,强调要从普通手工制品上寻求指导意义。1883年他在威尔特郡自购的土地上进行了一系列发掘,其辛勤工作汇集于《克兰伯恩狩猎地出土文物》,共4卷,为考古学权威著作之一。——译者注

第十一章 罗马不列颠史

尽管博物馆里塞满了各种出土文物，但对那一遗址历史的认识则如其现状所表明的那样，肤浅得惊人。考古协会在连续20年间以这种方式发掘了锡尔切斯特[1]。尽管在此之前地层挖掘的原则早已为一般公众所熟悉，尽管以钱币和陶器来确定罗马不列颠时代遗址的地层年代是一种公认有效的做法，但锡尔切斯特的发掘既没有确定出土城镇的建筑年代，也没有确定它的衰亡年代；既没有确定城墙的年代，也没有确定街道的年代；既没有确定私人住房的年代，也没有确定公共建筑的年代，甚至没有确定私人住房或公共建筑发生变化的年代。一个典型事例是，通过分析将浴室建筑划归几个不同的时期，却没有人标明这些时期的确切年代，因此全部分析丝毫没有历史意义。根据他处出土的类似材料，现在可以确定这所或那所房屋的居住年代为4世纪甚至3世纪了，而他们却凭纯粹的猜测将房屋的居住者确定为黑暗时代[2]的"游牧民族"。

后来情况有了变化，我无意说变化是出于我的影响。但是近十几二十年以来，我不厌其烦地一再敦促我在考古界的朋友

---

[1] 锡尔切斯特（Silchester），英格兰汉普郡北部一教区，附近有罗马不列颠重要城镇和城墙的遗迹。——译者注

[2] 黑暗时代（Dark Ages），指欧洲中世纪早期，大约在公元476—800年。——译者注

们记住他们的职责，在确信自己能够回答"此项发掘的目的何在"这一问题之前，在确信自己能够给询问者一个满意的答复之前，切莫挖掘任何一处需要耗资 5000 英镑的遗址或是某个仅需 5 先令的探沟。应该说，我的想法最初遭到了权威们的大肆嘲笑，虽然有一两个像惠勒[1]那样具有冒险精神的人从一开始就对它表示欢迎。后来，这些嘲笑和反对意见逐渐销声匿迹。1930年，考古协会联席会议通过它的研究委员会草拟了一个报告，这个报告涉及了大不列颠田野考古界各部门的工作，并就"每个时期的问题"向全国的考古工作者提出了意见，委员会的专家们认为最好集中精力解决这些问题。问答原则已经被不列颠考古界正式采用。在那以后，伦敦考古研究所宣告成立。如果我告诉那里的学生说，20 年代，当我在伯林顿府[2]开始阐述这一原则时，它是如何被接受的，我相信学生们不仅会认为我是个老顽固，还会认为我是个老骗子。

这一原则在学者们那里的未来命运并不使我担忧。只要学者们把它牢牢地装进脑子，公众自然就会尾随其后。而当公众

---

[1] 惠勒（Robert Eric Mortimer Wheeler，1890—1976），英国考古学家，以在英国和印度的考古发掘及其科学的考古方法著称。——译者注

[2] 伯林顿府（Burlington House），伦敦文物学会等学术机构在伦敦的地址。——译者注

接受了这一原则，我们或许可以指望，在将来的某一天，他们会迫使政府部门担负起保护古代遗址的责任，不再仅仅把遗址当作发思古之幽情的对象，而视它们为历史知识可能涌现的潜在源泉。

但我们绝不可希望太高。我们不再生活在19世纪，那时，公众的意见通过下议院就能够影响政府部门的行动。在任何领域中从事科学研究的人都知道，公布自己的研究结果是科学道德中最基本的一项义务。如果他的工作是从事考古发掘，履行这项义务就是更为紧迫的职责了，因为某个遗址一旦发掘完毕，后来的考古学家就不再可能从中有所发现了。所有考古学家都知道这一点，因此，除了英国政府的官方考古学家，所有人都遵守公布发掘结果这一准则。而英国政府的官方考古学家继续在全国范围不断发掘各处遗址，花着纳税者的钱，却从不公布发掘报告。他们知道自己违背了本学科的根本原则，因为当其他考古学家对他们谈到此事时，他们已经有了现成的辩解理由：财政部没有拨付出版经费。

第二条原则是，由于真正的历史是思想的历史，历史中就不存在什么"事件"了，被误称为"事件"的东西实际上是行动，它表现了行动者的某个思想（意图、目的），因此，历史学家的任务就是识别这个思想。[1]

对于考古学家来说,这意味着,必须以目的为根据来解释所有对象,发现任何东西都必须问:"它是用来干什么的?"由此又引导出第二个问题:"对于这个目的它是有益的还是有害的?也就是说,其中的目的是有效地蕴含着的呢?还是无效地蕴含着的?"作为历史性问题,它们要求以历史根据而不是以臆测来作答;回答这些问题的人必须证明,他的回答与证据是吻合的。

这已是众所周知的老生常谈,但始终如一地在实践中应用它却可以得到有趣的结果。例如我发现,研究罗马墙[2]的许多考古学家从来没有认真地问过自己,这道从泰恩河口一直延

---

[1] 历史学家感兴趣的某些"事件"并不是行动而是与行动相对的东西,我们没有适当的英文单词来指称它:它不是行动(actiones),而是激情(passiones,单数为 passio),即行动赖以产生的东西。例如公元 79 年维苏威火山爆发,就它对人们的影响而言,它在历史学家的眼里就是一个 passio。它之所以成了一个"历史事件",在于它不仅影响了人们,也使人们以各种各样的行动对它的影响做出反应。研究火山爆发事件的历史学家实际上是在研究这些行动。

[2] 罗马墙,又名哈德良长墙(Hadrian's Wall),据传说是罗马帝国皇帝哈德良(117—138 年在位)修筑的。位于英国北部,全长 118 公里。最初由泥土筑成,后来又砌上石块,在南北两侧还挖掘了深沟。沿途筑 16 座城堡,此外每隔大约 1.6 公里有一座碉堡,在碉堡之间还有两座小角楼,供士兵隐蔽休息之用。罗马墙的遗迹现今还可以看到。——译者注

伸到索尔韦河口的长墙修来是做什么用的。当然，我们可以含糊地称它为边界护墙，说它的用途是阻止凯尔特部族南下。但是，这种说法并不能使历史学家感到满意，就像一位工程师不满足于被告知船上的发动机是用来驱动船只航行的一样。它是怎么样发挥作用的？它的用途是不是如同城墙，防守者可以站在墙上击退来犯者？此墙的几个明显特征表明，任何罗马士兵都不可能以这种方式使用它。在我之前似乎没有人注意过这一点，1921年我指出其用途[1]后，对此问题有兴趣的人都承认我的分析是对的。我认为此墙是"升高的巡逻道"，这一建设性意见被普遍接受了。

对这个问题的回答引出了另一个问题。如果此墙是一条巡逻道，从地面垒高并修筑了胸墙，以保护哨兵免遭偷袭，那么，同样的巡逻道一定会超出索尔韦湾畔的鲍内斯，继续延伸到坎伯兰海岸，以便监视驶入港湾的船只，因为偷袭者很容易从那里驶过，在鲍内斯与圣比斯角之间的任何无设防处登陆。但是，那里的巡逻道不需要升高，因为无须担心偷袭。因此，那里应该有一连串的碉堡，一直延伸到海岸，虽然没有一道长

---

[1] 'The Purpose of the Roman Wall', in *The Vasculum*, vol. viii, no. I (Newcastle-upon-Tyne), pp. 4-9.

墙把它们连起来，但在其他方面与长墙上的碉堡应当是同样的。问题是，这样的碉堡是否存在。

查阅旧时的考古报告我们看到，这一类型的碉堡早已被发现，只不过它们的存在被遗忘了。用途不明的东西通常就是这样被人们忘掉的。1928年的地面勘查在其他位置找到了好些这样的碉堡，在那里，未来的考古似乎还有可能找到一些碉堡。[1]

有时候，根据这一原则从事研究也会使我碰上麻烦。我认为，我很容易就理解了泰恩－索尔韦罗马墙的战略目的：罗马墙与坎伯兰海岸上的一连串烽火台形成一个完整的防御工事，想从两端越过是非常困难的；如果除了墙上瞭望的哨兵，在附属的堡垒中还驻有精锐的突击部队，随时准备出击在墙外聚集的敌人，那么，罗马墙确实成了一道极为有效的边界防线。关于福斯－克莱德长墙[2]，我向我的苏格兰同行提出了同样的问题（我也这样问自己），却没有答案。苏格兰考古界的巨擘乔

---

[1] 'Roman Signal-stations on the Cumberland Coast', in *Cumb. and West. Antiq. Soc. Trans.* xxix (1929), pp. 138-65.

[2] 即安东尼长墙（Antonine Wall），兴建于罗马帝国皇帝安东尼·皮乌斯时代（138—161年），西起克莱德河（Clyde）河口，东至福斯河（Forth）河湾。——译者注

治·麦克唐纳[1]的杰作《苏格兰的罗马墙》(*The Roman Wall in Scotland*)于1934年发行了第二版,但此书没有涉及我提出的问题,甚至没有回答这一问题的意图。在《牛津英国史》中,我至少努力陈述这一问题并指出解决它所需要的一些条件。我还提出了自己的设想,但没有被哈德良长墙以北的朋友们完全接受。我不知道他们的反对是否有理,但我知道,我提这一问题是对的,对这一问题应该给予回答。

这一原则不仅适用于考古学,也适用于史学的任何一个门类。在使用文字材料时,遵循这一原则就意味着对材料所涉及的任何人的任何行为都必须以同样的方式加以理解。我们知道,恺撒[2]在两年里连续入侵不列颠。他的目的何在?历史学家几乎不问这个问题,我也不知道有谁曾试图给它以科学的回答,即依据证据来回答。当然,除了恺撒自己的叙述,说不上有什么证据,而恺撒在他的叙述中从未提及他入侵不列颠的目的。正是他保持沉默这一事实构成了我们探知其意图的主要

---

〔1〕乔治·麦克唐纳(Sir George Macdonald,1862—1940),英国考古学家、钱币学家,著有《钱币种类:它们的起源与发展》《苏格兰的罗马墙》《罗马占领不列颠》等等。——译者注

〔2〕恺撒(Julius Caesar,公元前100—前44),古罗马统帅、政治家,公元前55—前54年渡海侵入不列颠。——译者注

证据。无论他的意图是什么,他都决心掩藏起来,不让读者了解。靠着对《高卢战记》的全面了解,我认为对恺撒隐藏其目的的最恰当解释是:无论他的目的是什么,他都没能实现它。于是,我从军力上比较了恺撒的远征军和克劳狄[1]派出的军队,后者在恺撒之后约100年占领了不列颠。我认为,恺撒侵入不列颠的目的绝不像他在公元前55年远征日耳曼那样,只是为了讨伐叛乱或炫耀武力,而是想全面占领这片土地。我的观点有可能又错了,但未来的历史学家必须认真对待我提出的问题,要么接受我的回答,要么做出一个比这更好的回答。

不懂得历史地思想而为剪贴史学所迷惑的人将会说:"提出这个问题没有用处。如果你唯一的信息来自恺撒,而恺撒并没有告诉你他的打算,你根本不会知道它是什么。"他们属于这样一类人,如果在某个周末下午看见你带着鱼竿、手提鱼篓、拿着轻便折椅向河边走去,他们会问:"钓鱼去?"但是我猜想,如果让他们担任陪审员,审理某人被控蓄意谋杀的案件,某人周一在他妻子的茶里放砒霜,周二在她的咖啡里放氰化钾,周

---

〔1〕克劳狄(Claudius,公元前10—公元54),古罗马皇帝(41—54年在位)。——译者注

三用一把左轮手枪打碎了她的眼镜，周四用另一把左轮手枪把她的右耳打掉一块，现在自辩无罪，这些担任陪审员的人会强烈要求宣判此人无罪，因为他从来没有承认过自己想要谋杀妻子，从他的话中找不到他企图谋杀妻子的证据。

第三条原则是，研究任何历史问题都不能不研究其次级的（second-order）历史。所谓次级的历史是指对该问题进行历史地思想的历史。这一点显而易见。每个大学生在撰写关于马拉松战役[1]的论文时，首先要搞清楚其他人关于它说了些什么。如果他很好地完成了这个初步的准备工作，他就了解了研究马拉松战役的历史。这一历史将叙述已经提出来的各种不同的"观点"，将表明其中的某个观点如何由于自身的"种种困难"而被放弃，而另一个观点是如何出于克服这些困难的尝试而提出来的。次级的历史或史学史对我来说逐渐重要起来，最后，它定型为一个明确的概念，据此我把"历史批判"分为种种不同的类型。正如哲学对自身的批判形成了哲学史，史学对自身的批判也形成了史学史。

---

[1] 马拉松战役（battle of Marathon），公元前490年9月，波斯第一次进犯希腊时雅典军队在阿提卡东北部马拉松平原上进行的一次反击战。雅典取得了此次战役的胜利。——译者注

在叙述对史学方法的探究时，我的大多数例子是从考古学中来的（即由"非文字"资料所展示的历史，更准确地说，不是当今历史学家所探问的那些历史事件的已有叙述）。这样做并不是因为我的研究结果不能同样适用于以"文字"材料写成的历史。我之所以如此之多地谈及考古学，原因就在于，在考古学领域中受培根式的革命的影响而提出来的问题是清楚明白的。当史学的基础是文字材料时，仅仅复述"权威人士"之言论的剪贴史学或前培根史学，迫使"权威人士"回答自己所提出的问题的科学史学或培根式史学，这两者之间的区别并不总是很清楚的。有时它也变得清晰可辨，例如当历史学家努力从"权威人士"那里探出他们对某个问题——权威人士没有料到读者会问这个问题——的回答时（就像我们努力从一个古代作者那里探知他对经济学问题或人口统计学问题的回答一样），或努力从"权威人士"那里探出他们试图隐藏的事实时，二者的区别就比较明显了。在另一些情况下，它往往不能引起人们的注意，但在考古学中则很明显。除非考古学家仅仅满足于描述他或别人发现的东西——描述这些东西也要使用诸如"墙""陶器""器皿""灶坑"之类的暗含目的的解释性词语，否则，他就是自始至终都在实践培根式的史学：他对自己掌握的每一件东西都会问"这是做什么用的"，并竭力了解它如何嵌入一种特殊类型的生活中。

由于这个原因，考古学为回答某些问题提供了一个极为有效的方法，对那些问题不仅没有文献材料能给予直接的回答，就连对这些文献的最机智的解释也不能回答它们。现代的历史学家提出了各种不同的问题，它们在本质上都是统计学的问题：某个国家在某个时代的人口是稠密还是稀疏？人口趋于增长还是下降？当时的人看起来像什么样？或者更准确地说，他们分属于哪些不同的体格类型，哪种类型占据优势？他们用于贸易的东西是什么，与谁贸易，在多大的规模上进行？他们能够读写吗，程度如何？对于希腊－罗马时期甚至中世纪，如果不尝试用当时的文献材料来回答这些问题，就没有什么价值。它们都是统计学问题。现代历史学家在努力回答这些问题时所要凭借的材料都是由那些没有统计学头脑的人写下的。对于罗马帝国时代的一个著者来说，"人口正在下降"并不是一个有关人口统计的陈述，而是一个涉及他的某种感受方式的陈述，就像报纸上的读者来信中常见的陈述："现在的夏天不像我们年轻时那样美好。"试想如果一个缺乏气象学统计资料的未来气象学家想从这些信中收集有关气候变化的资料，那将是何种情景，由此你可以看到，古代史学中的传统人口统计研究是没有什么用处的。

如果你想回答统计学的问题，就必须有统计的根据。一旦考古学家的工作累积到一定程度，他就能够提供这种东西。在英国，针对罗马时代的考古从17世纪以来就在这个国家的大部分地方不断地进行着。许多有关统计的问题都可以根据已有的大量材料得到解答，答案即便不是结论性的，但至少可以把谬误限制在合理的范围以内。1929年，多亏了克劳福德[1]无畏的开创精神和不知疲倦的工作——未来的后继者永远不可能充分认识到他给予他们的恩惠，这些材料被标绘在罗马不列颠行省的军事地图上，我由此想到，可以对这些材料作统计学的处理[2]，一旦这样做了，就能够以此为基础估算出罗马不列颠行省的人口总数。我估计有50万。评论和批评如潮水般涌来，有些是公开发表的，有些是私人信件。唯一一种有理由让我认真对待的批评说，我估计的数字太低了，现在我承认这是对的，愿意把它提高到100万。我的批评者中没有谁提出高于150万的数字，如果说这些数字之间的差别看起来似乎太大，请允许我提请读者回忆一下3位根据文献资料从事研究的历史学家，

---

〔1〕 克劳福德（Osbert Guy Stanhope Crawford，1886—1957），英国考古学家，著有《田野考古学》。——译者注

〔2〕 'Town and Country in Roman Britain', *Antiquity*, iii. pp. 261-76.

他们分别算出罗马高卢[1]的总人口为300万、600万和3000万。

在同一篇文章中，我还试图回答另一个或另一组更为复杂的统计学问题：在罗马不列颠的居民中，城镇人口和乡村人口各占多大比例？这种比例在罗马人统治的各个时期发生了什么样的变化？回答这些问题意味着：（1）对所有已知的罗马不列颠城镇进行一次统计学的全面研究，目的在于确定它们的人口总数；（2）对所有已知的罗马不列颠城镇进行历史性的全面研究，目的在于确定不同时期人口的上升或下降变化。锡尔切斯特过去是，现在仍然是唯一的一个由考古发掘揭示其整个面貌的城镇，但是，它没有提供解决问题（2）的数据，对于问题（1），由于对发掘者是否已经发现相当数量的没有标注在他们的地图上的住房有不同的看法，它的数据打了折扣。因此，对我来说，唯一可靠的数据来自凯尔文特和弗罗克斯特两地稍晚一些的发掘点。[2]两处都发现了一些证据，尽管人们尚未理解它们的全部意义，但已经发现的证据足以说明，那里城镇的发展在建城早期达到了高峰，随后是漫长的停滞时期，人口渐

---

〔1〕罗马高卢（Roman Gual），包括内高卢和外高卢。外高卢相当于今法国、比利时，以及卢森堡、荷兰、瑞士和德国的一部分。——译者注

〔2〕凯尔文特（Caerwent）和弗罗克斯特（Wroxeter）有古罗马城镇遗迹。——译者注

次减少,最后衰落了。我提出,这些城镇的情况可能证实其他城镇的情况,历史经济学家可以料想,其他一些古代城镇也有这样的历史,因为这些城镇在其鼎盛时期的规模和特征表明其拥有的人口与这个地区的总人口在比例上极不相称,所以,它们的繁荣必定是不稳定的,它们的兴起是由于中央政府受教条理论的影响,是盲目推行都市化政策而产生的结果。罗马不列颠史中的这类问题以前从未有人提出,有些人显然认为,如果不提这类问题也许更好一些。但是,后来对罗马不列颠城镇的发掘证明我的问题是合理的,并在许多基本点上进一步证实了我的答案。

下面再举一个例子,它可以说明我的史学方法诸原则如何引导我对考古材料做一种全新的处理。

众所周知,哈弗菲尔德曾指出,不列颠有一个"罗马化"的过程,即凯尔特类型的文化被一种"世界主义的"型式所取代,这种型式在罗马帝国的所有行省均有发现,虽然存在着地方差异但却无关宏旨。就艺术和工艺而言,在罗马人入侵之前,凯尔特诸形制就已表现出很高的艺术造诣。在罗马人入侵之后,它们一度为罗马行省的形制所取代。哈弗菲尔德也指出,在这一阶段的末期和随后的时期里,出现了一次"凯尔特复兴"。这一点现在已经成为常识了。

有一点令人迷惑不解。如果一种文化高压手段已经把凯尔特风格从布立吞人[1]那里扫除荡尽，布立吞人已经学着采用了罗马帝国的风格，为什么在300年之后他们又重新回到凯尔特风格中去？他们如何能够做到这一点？某种传统一旦死亡，如何才能获得新生呢？这或许是由于拟古风尚的出现，但在这一事例中我们完全有把握拒绝考虑这种可能。试想，如果英国农民在1920年就已不再唱民歌而改听收音机里播放的舞曲，如果没有谁记录他们的民歌并送到图书馆里保存起来，那么，如果发现他们的后代在大约2200年又重新开始唱民歌，就是一件非常奇怪的事了。

1935年，在我撰写《牛津英国史》中属于我的部分时，这一问题变得时髦起来，许多第一流的考古学家都努力想解决它，他们的努力可分为三种。

首先，一些考古学家认为凯尔特风格未受任何损害地保存下来了。他们指出，按照凯尔特形制进行设计的传统从未中断。但事实上我们缺乏说明这一点的证据。确实，有一些年代在公元150年至公元300年之间的器物具有凯尔特风格的型式，但它们的数量很少，并且都是金属的，不能作为凯尔特装

---

[1] 布立吞人（Briton），古代不列颠南部的一支凯尔特人。——译者注

饰风格继续存在的证明。凯尔特形制可能由于织工和木雕匠人的普遍采用而很好地保存了下来，又经由他们重新纳入一些行业，这些行业的产品流传到我们手中，使我们得以谈论凯尔特复兴。

这种努力有其合理之处，因为它以复兴暗含保存这一合理原则作为基础。但它最终失败了，因为说明保存的证据并非唾手可得。任何一位历史学家都无权为自己开一张支票去支取他自己并不拥有的证据，无论他多么强烈地希望在将来的某一天发现这些证据。他只能就现有的证据说话，否则只应缄口不语。

其次，一些考古学家指出，并非所有的凯尔特人都遭到了罗马高压力量的碾压。凯尔特的艺术传统为什么不能在未遭占领的喀里多尼亚[1]地区保存下来，而当边界防线崩溃时由入侵的皮克特人[2]重新把它带入罗马不列颠呢？这种设想非常合理，但同样缺乏证据。发现凯尔特复兴迹象的地区都远离边界，而且皮克特人居住的地区没有发现使凯尔特复兴得以实现的模具或原作品。

---

〔1〕喀里多尼亚（Caledonia），不列颠北部地区的古称，大致相当于现在的苏格兰。——译者注

〔2〕皮克特人（Pict），居住在现苏格兰东部和东北部的古代民族。在罗马人占领期间，他们几乎不断地与之作战。——译者注

最后，一些考古学家争辩说，凯尔特艺术是"凯尔特气质"的产品，只要在某种特定条件下，凯尔特气质就会发展成为艺术的表达方式，这些条件在罗马时代的初期存在，在它的末期又重新出现，但在中期却不具备，问题只在于搞清这些条件是什么。在我看来，这种说法的价值在于它引发了人们的好奇心，它认为某种艺术风格的保存不需要依靠某种型式在创作实践中的保存，而只依赖如"凯尔特气质"之类的神秘的存在，这使我没法严肃地对待它。这类神秘的存在会使我们把史学的明媚阳光甚至朦胧曙光弃置身后，而进入一个充斥着种族理论（*Rassentheorie*）和荣格心理学式的怪物的黑暗世界。在这种黑暗中我们找到的不是历史而是对历史的否定，不是对历史问题的解决而是自我陶醉，这种陶醉使我们产生出历史问题已经解决的错觉。

尚未解决的这一问题不仅关系到罗马化的全部问题（罗马化的准确含义是什么？当人们被所谓罗马化时，他们身上到底发生了什么？），还关系到艺术史和德国人所谓文化史的全部问题。除非首先解决某些原则问题，否则没有希望解决它。在构思撰写《牛津英国史》的"艺术"章节时，我特意把这一特殊问题暂时搁下，首先厘清相关的原则。

如果你想知道某种类型的情况何以会发生在某种类型的场

合，你必须从这样的问题入手："我指望的是什么？"你必须考虑，这种类型的情况在这种类型的场合是如何正常发展的。如果在这种类型的场合中发生的情况是一个例外，你就应该求诸例外的条件以解释这一情况。

现在，我似乎有可能解答这个问题了：在解释凯尔特风格复兴的问题上出现了一个由错觉而产生的困难，原因在于历史过程的本质被误解了。我早在《论生长》一文中已经证明，含有从 P1 到 P2 的历史变化的任何过程都会残留下一些未变化的 P1 囊缩在表面上全是 P2 的事物的历史阶段中。我认为，这一观点为我提供了解决问题的钥匙。

囊缩并不是"神秘的存在"，而是一些人人都很熟悉的事实：一个改变了习惯、观念的人进入了第二个阶段，这个阶段保留了第一阶段的某些残余。例如，某人放弃了抽烟，但他抽烟的愿望并没有随即消失。在他往后的生活中，这种愿望就是我称为囊缩的东西。它保存下来并产生结果，但这些结果并不是他戒烟以前的那些东西，它们并不存在于抽烟之中。这种愿望是未能获得满足的愿望，它就是以这样的形式保存下来了。如果过了一段时间，人们发现此人又在抽烟，那也不必去证明他从来没有戒过烟；这很可能是因为他从来没有丧失抽烟的愿望，当禁止满足这种愿望的原因消失时，他又重新开始满足它了。

无须涉及种族气质或"种族无意识",一个社会同样可能出现这种情况。如果某一社会的成员习惯于按照某些方式行动或思想,如果在某个时期他们努力中止这种方式的行动和思想而尽可能以其他不同的方式来行动和思想,那么继续按旧有方式行动和思想的愿望就很可能保存下来。它确实会保存下来,保存于一种活生生的形式之中,因为他们习惯于以旧有方式进行极为有效的行动和思想,并感到这样做将获得极大的满足。在这种情况下,转回旧有方式的趋势将是强有力的。

你可能会想,除非某种神秘存在如种族气质或后天心理特征的遗传在发挥作用,否则这种趋势将不会保存到第二代。你可能会想,尽管最初皈依宗教的人从来没有完全摆脱老亚当的影响,但他们的孩子将从头开始。你可能会想,虽然父亲们在他们的时代吃了许多野燕麦,孩子们的牙齿并不会因此感到不舒服,他们将吮吸母亲的乳汁,从中吸取思想和行动的新方式,丝毫感觉不到其他思想和行动方式的诱惑。

如果你这样想,那你就错了。让我们假设有这么一个非常好战的民族,他们在历史的某个危急时刻完全转向了和平。在第一代,好战的冲动将保存着,但我们设想它是被严格压抑着的,因此,每一个成员都完全遵从和平的行为方式。当这一代人对孩子们进行道德教育时,他们会认真地告诫孩子们不要沉迷于被禁止的战争游戏。"什么是战争，阿爸？"孩子会问，然后，阿爸就会对战争进行描述，强调它的错误性质，但却使天真无邪的孩子们清楚明白地认识到（毫无疑问这违背了他的意愿），战争是一桩重大的事情，并且如果他不知道自己不应该好战，他倒很想再与邻人交战。孩子们很快就懂得了这一切，他们不仅明白了什么是战争，或战争曾经是怎么一回事，也明白了战争是或曾经是一桩重大的事情，尽管它是错误的。在一定的时候，他们又会把这一切认真地传达给他们自己的孩子。因此，当某项制度或某种习惯被宣布为非法时，以道德教育的方式所传达的信息以及压抑渴望它的热情同时就传达出了这种热情本身。每一代的孩子都学会了向往他们被告知绝不能追求的东西。

传统使禁忌在记忆中活生生地保存着，同时使渴求禁忌的热望活生生地保持着。或许这一传统终有一天将归于寂灭，如果思想和行动的新方式被证明是有效的，皈依者可以从中获得成功和得到满足，那么，传统的消失将大大加速。在这种情况下，某种曾经获得成功和满足的"群体记忆"（不是神秘的，也不是天生的，只不过是由榜样传递的信息和对代代相传的某种思想和行动方式的规诫罢了）不再得到承认，它将逐渐消失。在新的思想和行为方式绝少获得成功的地方，你肯定能够发现，被放弃的方式伴随着悔恨的心情在记忆中保存着，那一民族为之自豪的传统将顽强地保持着生命力。

就说到这儿吧。或许有人会说："你谈的是心理学，你应该问一问心理学家，让他判定你的话是否正确。"然而我不是在谈心理学，不需要向这一学科的鼓吹者求助，我认为处理这类问题的那种心理学是伪科学。我是在谈历史学。

把以上观点用于我们所讨论的问题，我发现，断言两个众所周知的事实之间存在着联系是可能的事。在此之前，人们尚未以联系的眼光看待这两个事实：一个是凯尔特的复兴，另一个是罗马化后不列颠艺术的拙劣状况。如我所说，罗马化后不列颠艺术的拙劣状况是众所周知的，而我本人对它的研究又获得了令人意想不到的结果，那就是，它唯一受到赞誉的那一件艺术品，并不归属于它。那件公认的杰作是著名的巴斯[1]的戈尔工[2]，学者们曾努力把它与"古典"艺术的典范联系起来，但大都徒劳无功。我却能够证明，那件优秀作品的内在蕴意不是"古典式"的而是凯尔特式的；同时我提出一个看法：它的

---

〔1〕巴斯（Bath），英格兰西南部萨默塞特郡市镇，以温泉著名。——译者注

〔2〕戈尔工（Gorgon），希腊神话中的怪物，荷马只提到一个戈尔工，为冥界怪物。在早期艺术作品里，戈尔工被描述为身上长有翅膀、头发都是毒蛇、圆脸扁鼻、舌头外垂、利齿突龇的怪物。——译者注

作者很可能不是一位不列颠雕刻家，而是一位高卢雕刻家。

如果我们承认布立吞人早期在凯尔特类型的艺术中取得了明显的成功，如果我们承认，以象征化和神秘主义为特征的凯尔特图案与罗马帝国追求自然主义和仅为娱乐的"伍尔沃斯艺术"之间存在着明显的对立，那么我在上文提出的一般性见解就意味着，布立吞人在罗马化艺术中取得的成功越小，他们就越可能在记忆中珍视自己的风格，也会相信那些风格永远不会从他们后辈子孙的眼里完全消失。

这就是我在《牛津英国史》"艺术"一章中阐述的思想，我很高兴把这一章留作我研究罗马不列颠史的唯一纪念。就如何解决历史上有争论的问题而言，它是我所能够给予后人的最好范例：问题的解决不是靠新证据的发现，而是靠重新考虑有关的原则问题。因此，它也可以具体说明我所说的融通哲学与史学的设想，当然是立足史学的融通。

《牛津英国史》的有关章节综合了我的许多研究成果，其中许多内容在1920年至1930年间写成的上百篇文章和小册子中得到了更为详尽的介绍。但是，我研究罗马不列颠史的主要成果收在铭文汇编中。哈弗菲尔德在去世前不久决定出版一部新的罗马铭文集，把罗马时代在不列颠的所有铭文（不包括现代从海外带回的）尽数收入。他认为，为每一篇都配上一幅原件摹本作图示是必要的，因为他对摄影图片在这类工作中的价值并不存有幻想，他要求我担任制图员。他去世后，我决定继续从事这项工作。自 1920 年以来，每年我都要花大量的时间在全国各地旅行，描摹罗马时代的铭文。

我从此项工作中学到的精细知识以及判读铭文（许多铭文极难辨识）的实践对我来说是极其宝贵的。但这些铭文本身并没有为我研究罗马不列颠史提供太大的帮助。对于一个刚开始摆脱剪贴史学影响的历史学者来说，使用铭文材料是一项极好的练习，这就是历史研究之所以在 19 世纪末以极其惊人的方式获得发展的原因。但迷信铭文的历史学者并不能因此成为彻底的培根主义者。作为文献，铭文在批判式的详尽研究下所能告诉我们的东西不如文字材料传达的东西多。作为遗物，它们传达的信息不如考古材料本身所传达的信息多。对于我要问的那些问题，铭文几乎不能为解答它们提供什么助益。因此我感到，我就罗马不列颠铭文所做的工作只是为过去、为蒙森和哈弗菲尔德的伟大精神建筑了一座丰碑，而没有磨制出一件指向未来的武器。

第十二章　理论与实践

我曾努力重建哲学与史学相互融通的关系,并尝试着描述了它的早期阶段,除此之外,我还致力于在理论和实践之间重建这种融通的关系。在这一方面,我最初的努力是听从自己感受的召唤:坚决反对道德上的腐败堕落。实在论使这种腐败蔓延开了,它认为,道德哲学只是以纯粹的理论精神来研究对象材料,仅此而已,它绝不会给对象材料带来任何影响。

我认为,与实在论相反的观点不仅是真理,并且,为了使作为道德行为者(就它比较宽泛的意义而言)的人更加完善,这样的理论还是每一个人都应当熟知的真理:人作为道德的、政治的或经济的行为者并非生活在一个不为"思想"所动的"坚硬事实"构成的世界中,而是生活在一个"思想"的世界中;如果你改变了被某人生活于其中的社会所广泛接受的道德的、政治的和经济的"思想观念",你也就改变了他的世界的特性;如果你改变了他本人的"思想观念",你就改变了他与那个世界的关系；因此，在两种情况下你都改变了此人的行为方式。

只要在哲学思考与历史思考之间划出一条明确的界线，实在论者就会似是而非地替自己辩护并否定上述观点。他们可能会承认，就某人是一个道德的、政治的和经济的行为者而言，他的行为方式与他思考自己置身其间之环境的方式并不是彼此独立的。如果关于某人生活环境的知识被称为历史知识，那么，历史知识对于行动是必要的。但是，哲学所处理的是没有时间标记的一般概念，行动是否需要哲学的思考，就是一个需要讨论的问题了。

这类讨论在我看来不值一驳，因为我已经认识到，实在论完全误解了历史的性质。他们的讨论值得怀疑，因为这些讨论全部奠基在区别历史与哲学、"事实"与"理论"、"个别"（某些实在论者误称它为"特殊"）与"一般"之上。战争刚一结束，我就开始仔细地重新考虑道德哲学的所有论题和问题，其内容不仅包括狭义的道德理论，还包括经济学理论和政治学理论，这些思考所依据的原则现在已支配了我的整个研究工作。

首先，我对这些论题和问题进行我所谓的历史的处理，坚持每一个论题或问题都有其自身的历史，若对其历史缺乏认识，就不可能理解它。其次，我试图以另一种我称为分析的方法来处理它们。我的看法是，一个行为仅仅作为一个单纯的行为是"道德"行为，作为与某项规则相关的行为又是"政治"行为，同时，作为达到某种目的的手段它还是一个"经济"行为。因此，就"道德"一词比较宽泛的意义而言，道德理论的问题可以分成：(1) 狭义的道德理论问题，指的是与行为本身相关的问题；(2) 政治理论问题，指的是与制定、服从、破除规则相关的行为；(3) 经济理论问题，指的是与追求或不追求自身之外的目的之行动相关的问题。

我认为，纯粹的道德行为并不存在，也没有纯粹的政治行为和纯粹的经济行为。每个行为都既是道德的，又是政治的和经济的。但是，尽管不能把行为划分为道德的、政治的和经济的三个独立的种类，但它们的三个不同特征，即道德属性、政治属性和经济属性，却必须分辨清楚，绝不能像功利主义者那样把它们混为一谈——功利主义者在声称提供道德解释的同时，也提供了经济解释。

这就是我在1919年的讲座中所依据的原则。在彭布罗克学院随后的教学生涯中，我年复一年地继续讲授它，并不断做些修订。以上描述的理论构架明显地表明了我思想发展的一个阶段，那时史学与哲学的融通关系尚未完善建立。理解本书前些章节的读者自己就能看出来，随着时光的流逝我是如何修正这种关系的。

理论与实践的融通在当时同样也不完善。当然，我不再认为它们是彼此独立的。我看出二者之间有一种密切相关和互相依赖的关系，思想有赖于思想者在行动中得到的经验，行动有赖于行动者对自身和世界的认识；我也清楚地认识到，科学的、历史的或哲学的思考有赖于"知识的"素养，它们也在同等程度上依赖"道德的"修养，"道德的"困境不能仅靠"道德的"力量来超越，同时还有赖于清晰的思考。

这里所说的理论与实践的融通还只是理论性的而不是实践性的。我的日常生活一如既往，好像我认为生活中的这些事务是理论的而不是实践的。我还没有看出，只要我把人区分为思想者和行动者，只要我的习惯仍然以这样常见的区分为基础，我试图对道德哲学的重新构建就难以完善。

这种区分如同我们当下习以为常的许多别的东西一样，是中世纪的遗存物。我在一所大学里生活和工作，大学是一个以中世纪的观念为基础而建立起来的机构，它的日常生活和研究工作仍然笼罩在对希腊思想的中世纪式理解之中，古希腊区分了沉思的生活和实践的生活，中世纪则把这种区分解释成对两类专门人才进行的区分。

我现在认识到,我对待中世纪的这一遗存物有三种不同的态度。第一个柯林武德从他自己的哲学中认识到,这种区分是虚假的,"理论"与"实践"彼此依赖,如果将它们分离为不同类型的特殊功能,二者都必定蒙受同样的损失。

第二个柯林武德在其日常生活中习惯于这样行动:好像理论与实践的分离是合乎情理的。他过的是职业思想家的生活,学院的大门把他阻隔在实际生活的各种事务之外,象征着他的离群索居。因此,我的哲学与我的习惯是冲突的,我在自己的生活中似乎不相信自己的哲学,我在进行哲学探究时似乎不是职业思想家,而事实上我当然是。我的妻子总是这样说,我也总是为此懊恼不已。

在这种冲突之下还有第三个柯林武德,对他来说,职业思想家的道袍并不相宜,而只是交替变换的伪装,时而滑稽可笑,时而令人憎恶。第三个柯林武德是一个行动者,更准确地说,他是这样一个人,在他那里找不到思想家与行动者的区别。他从来不让我长期独处。他在沉睡中一翻身,我习以为常的生活就出现了裂痕。他沉入梦乡,他的梦境凝结为我的哲学。当他不愿平躺静卧让我安心扮演大学老师,我会抛开诸种学术活动,返回家乡去给地方考古协会作演讲,以此来抚慰第三个柯林武德。对于一个受压抑的行动者来说,这可能是一个古怪的"缓解"方式，但它极有成效。在听众那里唤起研究历史的热情，唤起他们对我的兴趣以便使我在那些研究中充当他们的带头人（我从来没有失败过），这与一个成功的政治演说家唤起人们对他本人及其政策的热情在本质上并没有什么不同。有时候，第三个柯林武德也会适时惊醒，例如，在1914年8月初的某一天，一群充满爱国热情的诺森伯兰煤矿工人看见一个他们以为是德国间谍的人在小山上的"古罗马军营"中搜索，他们对此人采取了恰当的行动。

无论我在什么时候读马克思的书，第三个柯林武德总会从梦中醒来，睡眼蒙眬地欢呼。我从未信服马克思的形而上学，也不信服他的经济学说，但是，马克思是一个斗士，一个非常伟大的斗士，不仅是斗士，还是一个战斗的哲学家。他的哲学可能缺乏说服力，但对谁而言它是缺乏说服力的呢？我知道，任何哲学对于误解了它所要解决的问题的人来说都可能缺乏说服力，并且是荒谬可笑的。马克思的哲学要解决的是一个"实践的"问题，用马克思自己的话来说，它的使命是"让世界更美好"。因此，马克思的哲学不可避免地会显得荒谬可笑，但对某个人来说则不然，我不敢说他具有与马克思同样的愿望，想以某种哲学为工具造就一个更加美好的世界，但至少他承认这种愿望的合理性。按照我的哲学批评诸原则，马克思的哲学在清谈哲学家如实在论者或自由主义者的眼里必定是荒谬的：实在论者严格区分理论与实践；而自由主义者如约翰·斯图尔特·密尔则认为，应该允许人们自由地思其所欲思，因为无论他们思考什么都并不重要。要想批判马克思这样的实践哲学家，你至少也得是一个实践的哲学家，像他们那样承认实践哲学的合理性。

在追求实践哲学这一点上，第一个柯林武德与第三个柯林武德是一致的，他们都不想要那种科学玩具似的哲学，那种让职业思想家快意并保证他们在学院大门后安全摆弄的哲学。他们想要的是能够作为武器的哲学，就此而言我赞同马克思。也许，阻止我进一步赞同马克思的障碍是第二个柯林武德，那个是学者或职业思想家的柯林武德。

我对待政治的一贯态度在英国称为民主主义，在欧洲大陆称为自由主义。我视自己为这种政治制度的一分子。在这种政治制度中，每一个享有公民权的公民都有义务选举一名议会代表。我认为，正是通过广泛的公民权、出版自由和获得普遍承认的言论自由权，我国政府才能够保证，任何大众群体都不会受到政府行动的压制；他们的不满情绪也无须压抑，即便平息愤懑的方法尚未找到。我认为，民主制不仅是一种政府组织的形式，同时也是一所与国家同在的政治经验养成学校。它以具有相当政治素养的公众意见为基础，独裁政府无论多么有势力，都不可能像它那样强大。作为政府组织的一种形式，民主制的基本精神就在于：它是一个苗圃，各项政策以公开的形式在那里培育成熟，而不是一所邮电局，只会向被动接受的国民分发现成的政策。

这是民主制最有价值的长处，其优越性超过了人类社会迄今为止曾经有过的任何其他政治制度，值得全力维护并反对那些危害这一制度的人。那些人想欺骗一般国民，把一些不负责任的小集团所制定的现成政策强加于他们，于是不顾事实地谴责民主制度，指责它"不方便"，"没有效率"。当然，我知道马克思曾痛斥这一制度，视它为骗局，认为它的功用是为资产阶级压迫工人阶级套上一件合法的外衣。但是，尽管我知道这种压迫的存在，知道它在很大程度上合法化了，我仍然认为，民主制度的作用就在于铲除这种压迫。

我并不认为我们的政体是十全十美的，但是，发现并纠正它的缺点是政府的职能而不是个别选民的责任。这种政体是可以自我修复的，有责任通过立法来纠正自身的缺点。它还是自馈的，议员由选民从他们自身中选出，政务官由议员担任。因此，只要每一位选民都履行他们的政治职责，随时关注公众事务，根据自己的判断在一切可能的场合投票决定什么是国家整体的利益，那么，他们的代表就能够充分地了解情况，或者说充分地了解公众的意向，从而做好自己的工作。正因为政治取决于多数，所以少数人的无知和错误在任何时候都是不足为虑的。只要多数人充分地了解情况，只要公众精神能够充分体现，白痴和无赖就会落选。

如果大多数选民对公众事务茫然无知，或者对公众事务的态度已经堕落，那么，整个民主制度就会崩溃。我所谓的堕落是指，为公众事务所推行的政策不是为了国家整体的利益，而只是为他们本阶级或本阶层，甚至只是为他们自身的利益。

就第一方面而言，我意识到，19世纪90年代期间出现了一个日趋败落的变化。维多利亚时代的报纸认为，就公众关心的问题向读者提供全面而准确的信息是报纸的首要任务。后来出了《每日邮报》，这是第一份失落了"新闻"的旧时含义的英国报纸（"新闻"的旧时含义是指读者为了明智地投票所必须了解的真相），而使"新闻"获得了新的含义，在它那里，事实或者杜撰都只是那些可能引起读者阅读兴趣的东西。读这样的报纸，读者不再能学会如何选举，而学会了不去参加选举，因为他不再认为"新闻"与他生活其中的环境有关系，而视它为闲时消遣的东西。

就第二方面而言，很久以后我才察觉到堕落风气的影响。

坎贝尔－班纳曼[1]内阁对待南非殖民地的政策极好地体现了我所信奉的原则，并且证明，我把它们视为英国政策的原则是对的。继任的阿斯奎斯首届内阁通过了社会立法，我不能不对它表示赞赏。但内阁的宣传方式，即许诺选民"有利可图"，却是对这些原则的否定。在我看来，劳合·乔治[2]先生成了选民腐败的又一个标志，仅次于《每日邮报》。在20世纪头25年中，每一种腐败现象都大幅增多。

民主制在战后受到了两个强有力的竞争对手的威胁。它自身的两个因素由两个对手分别继承了去。以洛克的财产私有理论为基础，民主传统建立起了代议制度，意在促进国家全体的利益。但是，另一个抱有同样目标却有着不同出发点的制度自从马克思系统地阐述之后就在理论上存在了，俄国革命以后，它成了政治上的事实。社会主义者（我指的是马克思主义的社会主义者）赞同民主传统为全民谋求社会条件及经济状况的改

---

[1] 坎贝尔－班纳曼（Sir Henry Campbell-Bannerman，1836—1908），英国首相（1905—1908年任职）。南非战争期间，他最初在自由党内奉行一条介于帝国主义派与反战的"亲布尔"派之间的中间路线，但在1901年，他谴责英国在南非的野蛮手段。——译者注

[2] 劳合·乔治（Lloyd George，1863—1945），英国首相（1916—1922年任职），第一次世界大战期间和战后几年里是英国政界首要人物。——译者注

善这一目标,但打算通过"生产资料"的公有制来实现它。后来,在意大利出现了法西斯主义,在德国出现了国家社会主义,它们赞同民主传统以维护财产私有作为首要原则,但为了维护财产私有,它们不仅放弃了民主政府的政治制度,而且放弃了民主制所谋求的社会条件及经济状况的改善这一目标。

民主传统与社会主义的真正分歧不在于政策,而在于事实。我想没人会否认,现代欧洲社会分成了两个部分,一部分人占有财富,另一部分人创造财富,我们分别称这两种人为资本家和工人。当然,所有资本家也在干活,所有工人也都拥有财产,但这一点并不能抹杀两种人的差别。如果一个人赖以为生的东西是他拥有的财产,这时,他所从事的活动就不那么重要了,无论他做了多少事,他也是一个资本家;如果情况相反,他就是一个工人,无论他拥有多少财产。

社会主义者坚持认为,现代欧洲社会两个"阶级"之间存在着"阶级斗争",议会制只能掩饰它却不能克服它。民主传统则认为,议会制实行的是自由发言和公开讨论,以这样的方式它便能够消除阶级斗争。社会主义希望以工人阶级的胜利来促成阶级差别的消失,从而结束阶级斗争;法西斯主义则希望以资本家的成功,以他们对工人阶级的长期奴役来永久保持阶级斗争。而"国家社会主义"只不过是狭隘的德国人的法西斯主义变种。

最好把法西斯主义理解为资产阶级的"社会主义":一个完全颠倒了社会主义机制的制度,而颠倒的目的是把它与完全不同的原动力即资本家继续当资本家的意愿相联系。为了满足这一愿望,资产阶级心甘情愿地向法西斯政府交纳保护费,使它手中的权力和税收大大超过了议会政府制定的标准。在社会主义那里,为国家全体谋求社会和经济福利的愿望是基本的动力。与之相比,法西斯主义的原动力显得不太体面,必须加以掩饰,所以它把自己掩藏在国际仇恨和嫉妒的外衣之下。

实际上,法西斯主义与国际仇恨并没有一致之处。法西斯主义并不是以国家为基础,而是以阶级为基础的。如果让它吐露心曲,它一定会以"全世界资产者联合起来"的号召来回答《共产党宣言》。

但是,法西斯主义不能把真话说出来。用它自己的武器与社会主义交战是法西斯的基本企图,所以它总是遮遮掩掩,前后不一。曾经有一个极能干极有才华的哲学家[1]信奉了法西斯主义,他作为一个哲学家的生涯到此也就终结了。没有谁在接受了如

---

〔1〕可能是指秦梯利(Giovanni Gentile,1875—1944)。秦梯利不仅公开、直接用其哲学为法西斯作论证,在政治上也投靠了法西斯,充当了墨索里尼政府的教育部长,战后被处决。——译者注

此混乱不堪的信念后还能保持清晰思考的能力。法西斯主义的大宣传家均擅长煽动群众的狂热情绪，小追随者多为奸狡之徒和阴谋家。

了解了这一切，考虑到虽然有腐败现象，但真正的民主传统在我国仍然存在，议会制仍然运转正常，足以发挥它阻止阶级斗争的适当作用。我反对法西斯主义，它杂乱无章地拼凑了一些最糟糕的特征。我支持民主传统。

"是西班牙的腐败毁了我。"拿破仑说。1930年和1931年，我在西班牙的大部分地方旅行过，1931年还目睹了西班牙各地进行的革命运动。它们是以极有秩序的方式进行的。我和我的朋友从未看到或听说过一次暴力行动，也没有看到或听说过一次发生了暴力行动的事件。在一座城市我们看到了我们误认为是宗教节日的游行，身穿白色衣装的孩子在唱歌，他们的长辈则在一旁观看，神情恭敬专心，非常平静。后来在一个酒店里，我们问邻座那是什么节日，"节日？"他们说，"那是革命！"当时，无线电台正在播送坎特伯雷大教堂的晚祷。

我们的朋友从英国来信，为我们身处暴乱中的安全而担忧。报纸告诉他们，西班牙到处都发生了革命，共产主义者以他们反对宗教的斗争支配了这场革命。但是暴乱并没有发生。没有听说或看到什么共产主义者，有的只是具有民主意识的人们在为建立议会政府而努力；反对宗教的斗争也不存在，有的只是对教会和军方首领所把持的旧政治统治的清扫。在此期间，正如人们在每个城镇所看到的那样，教会仍然在发挥它的宗教职能，丝毫未受影响，它的建筑和神职人员也没有受到骚扰。

当时，我只是感到太可笑了，英国报纸对西班牙正发生的一切竟然如此缺乏了解，我丝毫没有想到还有别的原因。我现在也不能肯定，报纸杂志对西班牙情况的广泛错误报道是否为某项政策的制定铺平了道路，二者之间的联系是否纯属偶然？后来，英国新闻界大都依据那项政策对西班牙共和国的性质肆意歪曲，处心积虑地欺骗它们的读者（人们不得不怀疑，这种做法受到了政府的指使）。或者，那项政策早已在实际发挥作用，政府的指使可能在1931年就进行着了。

几年以后，西班牙发生了内战。这是一场叛乱，被罢黜的军方首领起而反抗取代了他们的民主政府，即，一个国家的军队为反对这个国家的人民和他们依法组成的政府而发动了叛乱。依法组成的说法依据的是英国的观念。每一个信奉英国政治传统的人如果了解真相，都会愿意帮助西班牙政府，协助他们平息叛乱。需要的帮助并不多，有一个公正的立场也就够了。如果政府能够装备一支部队，叛乱者的命运就被决定了。

英国"国民"政府阻止了一切。它采取并迫使另一些国家与它一样采取"不干涉"政策,即禁止参战人员和军需物品进入西班牙。如果一个国家的军队叛乱,反对手无寸铁的政府,而政府正在力图增强自己的防御力量,那么,人们不需要具有敏锐的洞察力就能看出,对这个国家实行武器禁运实际上是支持叛乱者。在英国,人们看到,他们的政府戴着"不干涉"的面具劲头十足地参与了进去,并站在了反叛者一边。因此,为了让国民保持平静,一场新闻战开始了,关于共产主义和暴行的新闻报道一再重复,几年前我就明确指出这种新闻报道的虚假性,然而它获得了成功。信奉英国政治传统的人们不喜欢共产主义,不赞成暴力行动,对西班牙政府的同情明显减弱了。人们说,毫无疑问,正是我们"不干涉"的骗人鬼话使反叛者反对政府的活动得以不断推进,但是,有谁真正希望西班牙政府取得胜利呢?

谁都知道,叛军的首领是意大利和德国独裁者的工具,源源不断地从他们那里获得人员和装备补充,尽管他们口口声声说"不干涉"。谁都知道,靠着这样的做法,意大利和德国的独裁者已经改变了地中海的战略形势,从英国的立场来看,这是极其不利的。但是,如果有人提示这种状况,英国"国民"政府就会回答说:"相信我们,我们知道自己在干什么,我们把和平带给了你们。"这一次他们又获得了成功。只要能够避免战争，选民们愿意承受一切重负。但无论是当时还是后来，没有证据能够证明英国政府对形势的估计是对的；没有证据能够证明，是两个独裁政府或其中一个以战争相威胁迫使英国政府采取"不干涉"政策；没有证据能够证明，德、意拒绝履行诺言的恶劣行径是暗含着战争威胁的；没有证据能够证明，英国政府若不采取它采取了的那些行动便会危害和平，靠着那些行动，不论是否合法，英国政府阻止它的国民应募援助西班牙政府。

这一切都没有证据。如果没有真凭实据证实这些事情，那么毫无疑问，无论是当时还是后来都不会有人相信它。但是烟幕太厚，"国民"政府的政策多年来一直遮遮掩掩（由麦克唐纳[1]的空洞大话开其端，他似乎说了很多却又像什么都没说；此后是鲍德温[2]的"骗术"，他很少说什么，只告诉人们他如何诚实，人人都可以毫无保留地信任他），谁也不能指望政府的发言人谈及这些事情，更不用说指望他们为这些事情提供证据

---

〔1〕麦克唐纳（Ramsay MacDonald, 1866—1937），英国第一个工党首相，1924年和1929—1931年领导工党政府，1931—1935年领导联合政府。——译者注

〔2〕鲍德温（Stanley Baldwin, 1867—1947），英国保守党政治家，1923—1937年间3次任首相；他在1926年英国工人大罢工、1935年埃塞俄比亚危机和1936年英王逊位危机期间，担任政府首脑。——译者注

了。什么都没有明确说过，有的只是大量的暗示。

尽管什么都不说，但做得并不少。从"国民"政府的声明中看不出什么，我不得不以他们的行动为根据来推测他们的政策。这样做并不困难，在一个经常解释证据的人看来，他们的行动只可能有一个解释：他们希望反叛者取得胜利，并希望向选民们掩盖这一事实。他们知道，没有他们的帮助反叛者不可能取胜，于是他们提供了帮助；他们也知道，没有英国利益的重大损失反叛者也赢不了，于是他们献出了那些利益。

为什么他们如此渴望反叛者得胜？并不是因为"共产主义的威胁"，尽管我们的老朋友《每日邮报》——"国民"政府热心的支持者，为腐蚀公众的心灵现在又充当了狂热的吹鼓手——在提到西班牙政府时总是习惯于称之为"红色的"，意指共产主义的，但它与政府一样清楚，西班牙共和国并不是信奉共产主义的国家，而是实行议会制的民主国家；内格林[1]内阁中只有一个共产党员，他在所属党派签署了忠于民主原则的一般声明之后被纳入内阁。西班牙内战是法西斯独裁与议会民主之间的直接对抗，英国政府的所作所为已经宣布它是法西斯独

---

〔1〕内格林（Juan Negrín López，1894—1956），西班牙的共和派总理，在西班牙内战的后面两年（1937—1939）任职。——译者注

裁的坚定支持者，尽管它穿戴着许多伪装。

1938年初，当我明白了这一切之后，我对政府的个别成员在多大程度上意识到自己正在干什么这一点没有形成看法。我再重复一遍，法西斯主义擅长混淆视听。很容易看出，"国民"政府的政策是与法西斯势力进行私下交易，是拒不告诉国民他们正在干什么；这一政策无须产生于政府对其自身目标的清楚理解，相反他们很清楚自己在国民眼里的形象是令人讨厌的，因此明确决定对国民进行欺瞒。这样的政策只能出自意志薄弱且知识贫乏者，它与对法西斯主义的某种遮遮掩掩的赞赏和某种难以察觉的胆怯分不开，也与不健全的责任意识和对真相的漠视分不开。在1937年甚至1938年初，如果有人像具有怀旧情调的约翰逊[1]博士回答泰晤士运水工那样对首相说，"先生，你的政府假装无力维护国家利益，正在引入一场法西斯革命"，我敢说，首相一定会以他的全副真诚来否认这一指责。

1938年的事件使我确信，"国民"政府的所作所为一如其旧。新年伊始，我便预言有两个事件将获得进一步的发展：首相与

---

[1] 约翰逊（Samuel Johnson，1709—1784），英国诗人、文学评论家、散文家和辞典编写者。1728年进入牛津大学学习，由于家境所迫，未得学位就辍学了。后因其学术成就甚大，都柏林大学和牛津大学先后授予他法学博士学位。——译者注

议会政府的原则之间将发生公开冲突；在另一地区将发生比西班牙内战更肆无忌惮的暴乱——一个法西斯国家的侵略行径，将由于英国政府的支持而获得成功，而英国政府支持法西斯的借口是他们自己在英国人民中制造的战争恐慌。

第一个预言在初夏便成为现实。内阁成员公然蔑视议会的质询权，不许议会批评政府。身为议员的邓肯·桑兹先生敢于批评政府正在实施的扩军计划（大家都知道它没有效用），因此受到了起诉威胁，"国民"政府的撒手锏是《官方保密法》。政府的报纸对此事秘而不宣，但每一个了解事实真相的人都知道，它意味着一个法西斯内阁与这个国家正实行着的议会制之间的交战。

第二个预言在9月的捷克斯洛伐克的危机中成为现实。英国首相接连飞往贝希特斯加登、戈德斯贝格[1]和慕尼黑，每次回来都揣着一纸德国独裁者的命令，按照他的指令背着议会甚至背着内阁改变国家的政策。

在我看来，对捷克斯洛伐克的出卖不过是同一政策的第三个结果。"国民"政府以这样的政策已经出卖了阿比西尼

---

[1] 贝希特斯加登（Berchtesgaden）、戈德斯贝格（Godesberg），德国地名。——译者注

亚[1]和西班牙。这里，我最关心的并不是事实本身而是造成这些事实的那些方法：政府在全国发放防毒面具，同时播放首相在飞往慕尼黑前两天所作的情绪激动的广播讲话，以及次日晚上在议会安排歇斯底里的场面，从而在全国精心制造战争恐慌。这些都是法西斯独裁统治的一贯做法。不过，意大利和德国的独裁者以荣誉追求和民族扩张来左右一般群众，而英国首相则以玩弄赤裸裸的恐怖主义来达到这一目的。

他得逞了。在我撰写此书的现在，英国还没有正式放弃议会制度，只不过任其变得毫无作用；还没有放弃政治自由的信仰，只不过扔掉了它假装仍旧信仰的那个东西；还没有放弃大英帝国，只不过把帝国联络网的控制权拱手交给了一个心存忌恨并拼命扩张势力的力量；还没有停止就欧洲事务发表意见，只不过那声音进一步鼓动了另一个力量更加强烈的忌恨心和扩张野心。

这一切并非出自国民的意愿，也不是国民中任何一部分人的意愿。它们之所以得逞，是因为全体人民都被欺骗了。回想一下我在前面说过的话：近半个世纪以来，有数种力量一直在发挥作用，它们侵蚀着公众的灵魂并逐渐形成一种意向，不再

---

[1] 阿比西尼亚（Abyssinia），即埃塞俄比亚。——译者注

就重大的公共事务向公众提供充分、及时和准确的消息，而这样的消息是滋养一个民主社会的不可或缺的营养品；不愿意依据公众的意愿对这些事务做出决定，而政治取决于多数是民主社会的生命基础。就这样，这些力量把"一代英国人造就成了"某位政治家的待宰羔羊，这位政治家通过"许诺私利"（从战争恐慌中获得个人的人身安全）非常成功地"诉诸他们的激情"，他们则容许他牺牲自己国家的利益，损害它的声誉，当着全世界的面在它的脸上抹黑，以便使他带着独裁者的迷醉双眼容光焕发地出现在新闻照片中。

国民在何种程度受了诓骗？眼下的诓骗还将持续多久？回答这些问题不是这本自传的任务。我不是在评论英国目前的政治事件，而是在叙述这些事件如何冲击了我以及怎样粉碎了我作为职业思想家的超然生活。现在我认识到，当年牛津园的那些烦琐的哲学家为日渐生成的法西斯主义充当了宣传员，因为他们主张从实际事务中完全超脱出来。我认识到，法西斯主义意味着明晰思考的终止和非理性主义的胜利。我认识到，我的整个一生都在不知不觉地从事政治斗争，在不自觉中与一切危害民主制度的东西作斗争。从今往后，我将自觉地继续战斗。

柯林武德英文论著要目

(一) 已刊部分

Religion and Philosophy (Oxford, 1916).

'Hadrian's Wall: A History of the Problem', *Journal of Roman Studies*, 11(1921), pp. 37-66.

Roman Britain (Oxford, 1923; rev. edn. 1932).

'Can the New Idealism Dispense with Mysticism?' *Proceedings of the Aristotelian Society*, Suppl.3 (1923), pp. 161-75; reprinted in *Faith and Reason: Essays in the Philosophy of Religion*, ed. Lionel Rubinoff (Chicago, 1968), pp. 270-82.

Speculum Mentis, or The Map of Knowledge (Oxford, 1924).

Outlines of a Philosophy of Art (London, 1925).

'The Roman Frontier in Britain', *Antiquity*, 1 (1927), pp. 15-30.

'Oswald Spengler and the Theory of Historical Cycles', *Antiquity*, 1 (1927), pp. 311-25; reprinted in *Essays in the Philosophy of History*, ed. William Debbins (Austin, Tex., 1965), pp. 57-75.

The Archaeology of Roman Britain (London, 1930; republished London, 1996).

The Philosophy of History, Historical Association Leaflet No. 79 (London, 1930); reprinted in *Essays in the Philosophy of History*, ed. William Debbins (Austin, Tex., 1965), pp. 121-39.

An Essay on Philosophical Method (Oxford, 1933).

Roman Britain and the English Settlements, with J. N. L. Myres (Oxford, 1936).

'On the So-called Idea of Causation', *Proceedings of the Aristotelian Society*, 38 (1937-8), pp. 85-112.

The Principles of Art (Oxford, 1938).

An Autobiography (Oxford, 1939).

An Essay on Metaphysics (Oxford, 1940; rev. edn. 1998).

The First Mate's Log, of a Voyage to Greece in the Schooner Yacht 'Fleur de Lys' in 1939 (London, 1940; republished Bristol, 1994).

'Fascism and Nazism', *Philosophy*, 15 (1940), pp. 168-76; included in *Essays in Political Philosophy*, ed. David Boucher (Oxford, 1989), pp. 187-96.

'Goodness, Rightness, Utility', Lectures, 1940, appended to *The New Leviathan*, rev. edn., ed. David Boucher (Oxford, 1992), pp. 391-479.

The Three Laws of Politics, 1941, Hobhouse Memorial Lectures, 1941-50 (London, 1952); included in *Essays in Political Philosophy*, ed. David Boucher (Oxford, 1989), pp. 207-23.

The New Leviathan (Oxford, 1942; rev. edn. 1992).

The Idea of Nature (Oxford, 1945).

The Idea of History (Oxford, 1946; rev. edn. 1993).

The Roman Inscriptions of Britain, i: *Inscriptions on Stone*, with R. P. Wright (Oxford, 1965).

Essays in the Philosophy of History, ed. William Debbins (Austin, Tex., 1965).

Faith and Reason: Essays in the Philosophy of Religion, ed. Lionel Rubinoff (Chicago, 1968).

Essays in Political Philosophy, ed. David Boucher (Oxford, 1989).

The Principles of History: And Other Writings in Philosophy of History, ed. W. H. Dray and W. J. van der Dussen (Oxford, 1999).

(二) 未刊部分

'Libellus de Generatione', 1920, Collingwood Manuscripts, Bodleian Library, dep. 28.

'History as the Understanding of the Present', 1933, Collingwood

Manuscripts, Bodleian Library, dep. 15.

'Lectures on Moral Philosophy', 1933, Collingwood Manuscripts, Bodleian Library, dep. 8.

'Notes towards a Metaphysic', 1933-4, Collingwood Manuscripts, Bodleian Library, dep. 18.

'Conclusions to Lectures on Nature and Mind', 1934, 1935, Archives, Oxford University Press.

'Inaugural: Rough Notes', 1935, Collingwood Manuscripts, Bodleian Library, dep. 13.

'Reality as History', 1935, Collingwood Manuscripts, Bodleian Library, dep. 12.

'Can Historians be Impartial?', 1936, Collingwood Manuscripts, Bodleian Library, dep. 12.

'Notes on the History of Historiography and Philosophy of History', 1936, Collingwood Manuscripts, Bodleian Library, dep. 13.

'Folklore', 1936-7, Collingwood Manuscripts, Bodleian Library, dep. 21.

'Notes on Historiography', 1939, Collingwood Manuscripts, Bodleian Library, dep. 13.

'The Principles of History', 1939, Archives, Oxford University Press.

重校后记

这次北京大学出版社计划出版柯林武德的系列作品，并决定收入我早年翻译的《柯林武德自传》，获知此讯，我非常高兴，毕竟，这是对我过去工作的肯定。更高兴的是，这次重版也给了我一个机会，使我得以改正旧译存在的各种差错。虽然有人说，再好的翻译也会有问题，但是这不能成为我们原谅自己的理由。

据我所知，《柯林武德自传》在台湾有两个中文译本，一个是故乡出版社1985年出版的《柯灵乌自传》，译者陈明福；一个是麦田出版公司出版的《柯灵乌》，这个版本未曾得见，只是在北京图书馆的目录里看到了书名。这次重校，我参考了陈明福先生的译本。

何兆武先生曾经教我，译文完成后一定要脱开原文通读，看它在纯粹中文的状态下是否清楚明白，如果读不通，就要对照原文重新校改，然后再读。我当初翻译《柯林武德自传》时，就是这样做的。现在隔了若干年，当年读起来通顺的译文因为时间距离而获得了新鲜感，可能会重新暴露出实际存在的问题。

这次重校，我是这样工作的：先一个段落一个段落地读我自己的译本，感觉一下它是否流畅晓明，如果还有疙里疙瘩、含混不清的地方，就特别地留意。然后，再读陈明福先生的译本，如果发现有理解相异的地方，又格外留心。心里存下了两次阅读中注意到的问题，再去阅读英文原文，对照着原文对译文进行了修改。

应当说，陈明福先生的译本给了我很大的帮助。不仅帮助我发现自己错译的地方，更不时提示我重新思考旧译的理解和表达是否准确。有的地方明显是我错了，例如中国社会科学出版社旧译本第56页说："亚历山大的自然哲学更多是模仿康德的《纯粹理性批判》而不是模仿黑格尔"。这句话的正确意思应当是亚历山大比黑格尔更多地模仿了康德。还有一些错误，已经参照陈明福先生的译本并对照原文作了修改。也有的地方是陈明福先生的译本错了，例如福尔米翁封锁科林斯湾（见旧译本第88页），陈明福先生译成"富米欧划船绕行哥林多人的包围圈"（见陈译本第79页），恰好反了。《不列颠百科全书》的福尔米翁条明确说，公元前432—前431年，福尔米翁被派遣率领20艘战舰封锁科林斯湾入口。

当然更多的地方是我们都感到了困难，努力在自己的学养基础上做了一种理解。例如柯林武德在谈到罗马化时期不列颠的艺术风格时，提到了一件作品，这件作品叫"Bath Gorgon"，我译成"巴思的戈尔工"，并出了两条译注，解释Bath（巴思，本书作"巴斯"）是英国一市镇，以温泉著名；Gorgon（戈尔工）是希腊神话中的怪物（见旧译本第168页）。在我的理解中，这件作品应当是发现于巴思的戈尔工。当我看到陈明福先生把这件作品翻译成"高岗浴池"时，我开始斟酌孰是孰非。显然，陈先生对Gorgon作了音译的处理，而把Bath译成浴池。从直觉上，我不倾向于接受陈先生的翻译，但是我并没有见过柯林武德提到的这件作品，因此对自己的译法也没有十足的信心。更何况叶秀山先生告诉我，某地的某某，英语的表达往往是某某of某地，"Bath Gorgon"显然不合常例。为了求证是非，我开始查找背景材料。《不列颠百科全书》有Bath条，作地名，指英格兰萨默塞特郡的一个区，词条专门介绍说，"当地热矿泉（46℃）曾吸引罗马人到此建立城镇，后撒克逊人在此修建教堂"。《不列颠百科全书》又有bath条，解释为沐浴，说"沐浴以清洁或治疗为目的，也可能有宗教的、神秘的或其他意义。……罗马的沐浴以蒸汽浴、清洁及按摩三者之结合为特色，而且罗马人征服之处就有这种浴场出现……"。我猜想陈明福先生之所以把这件作品翻译成"高岗浴池"，与罗马人喜好沐浴且 Bath 最初就是罗马人修建的城镇这一背景有关，但是按照陈明福先生的翻译，似乎是以小写的 bath 理解了作专名的大写的 Bath，并且 Gorgon 得不到有效的落实，陈先生作音译处理，似乎也有问题。《不列颠百科全书》有 Gorgon 条，解释就是希腊神话中的怪物，其中一个戈尔工是蛇发怪物美杜莎。于是我希望见到这件作品，如果见到了，一切也就清楚了。我开始翻阅艺术史，多方查找，无果。又请教了艺术史专家陈洛佳教授，她指点我去查阅英国费顿出版社（Phaidon Inc Ltd）的艺术史。我去了中央美术学院。不知道是我对这一专业过于生疏，不会查找，因此找不到；还是美院的艺术史资料过于匮乏且管理混乱，不利于我查找；或者 Bath Gorgon 只是一件小作品，不够资格进入艺术史，因此我找不到：总之，我没有见到这件作品，这件作品究竟是什么，我还是没有充分的证据来落实。现在，我仍然保持旧译，但是，它已经是一个问题存在我的心里，一有机会，我就会去解决它。

经过重校后的现译本，我相信比旧译改善了许多。但是 Bath Gorgon 的例子也说明，要做出一个可信的译本是多么困难。我相信新译本还会有类似的问题存在，因此希望得到读者诸君的指教和批评。

陈　静
2005 年元旦

读者来信谈"Bath Gorgon"译法

岳老师，你好！

刚刚逛书店时看到你责编的《柯林武德自传》一书，译者陈静老师的后记中提到"Bath Gorgon"一词让她耿耿于怀。我博士论文写的是罗马文化在不列颠的传播，也专门去巴斯看过这件艺术品。我觉得陈老师译成"巴斯的戈尔工"是对的。不错，巴斯此地是以罗马的浴场闻名，但这里的温泉在罗马时期以前就很有名了。而古代人（无论罗马人还是凯尔特人）都认为这种有药效的温泉肯定是神起作用的结果，所以温泉旁都有祭神的神庙。"Bath Gorgon"这件艺术品就是残留的神庙三角墙上的装饰品。（见下页图）之所以写成"Bath Gorgon"，而不是"Gorgon of Bath"，显然是因为柯林武德想要强调这里所谓的Gorgon其实是罗马化的凯尔特神祇，这在那个众神混合的时代很常见，比如，根据当地的铭文，巴斯这座神庙题献给

神庙三角墙上的戈尔工头像（© Bath & North East Somerset Council 2021）

"Sulis Minerva"，Sulis 是凯尔特神名，而 Minerva 是罗马神名，把两者并列，是说明两者具有同一功能（用温泉治愈病人），在铭文上，Sulis 总是放在 Minerva 之前，说明罗马人来不列颠之前，Sulis 很早就是凯尔特人公认的泉神了。同样，柯林武德使用 "Bath Gorgon"（他是铭文专家，对这种用法习以为常了），意思是说这个凯尔特神具有的功能（驱邪）相当于希腊罗马神祇中的 Gorgon，至于其凯尔特姓名是什么，已不可考。此外，从英文表达习惯上说，"of Bath" 这种表达地名的方式在英文中往往用来指人，而这里指的是一件艺术品，不是人。

因此，我觉得陈老师译得完全正确。之所以写这些文字，乃是为陈老师的敬业精神感动。不知能否转给她，聊表一个读者的小小敬意。

祝新年好！

宋立宏